リージョナルバンカー　古瀬誠一　目次

序　人まねしていたら生き残れない…009

第1章　生い立ち～学生時代…017

二つの誕生日…018
不屈のDNA…021
唯一の後悔…024
引っ込み思案であだ名は「どじ」…028
夏季補習の常連…031
頭が「半分なくなる」…034
人生観が変わるきっかけに…036
銀行論履修も成績は……040
コラム　母校愛…045
頭取面接で反論…047

第2章　入行〜支店時代…053

入行研修の息抜きはストリップ鑑賞…054
初任の北支店では叱られてばかり…059
「青年の翼」での海外研修は欠勤扱い…063
東京支店異動と母の死…067
見合いから2カ月で結婚…070
コラム　内助の功と100万円…075
仕事への「愛情」学んだ北堀支店時代…079
コラム　座右の銘…082
「広銀には一先も融資先を取られるな」…086
コラム　松江駅前支店に打ちつけられた銅板…091
福島造船の思い出…094
「知恵とやる気と浪花節」の大原支店長…096
コラム　古瀬ノート…099

第3章 組合～審査部、島大前支店長時代…101
中執として組合の酷さを痛感…102
「満額回答なのにスト」に猛反発…106
コラム 西部地銀協事務局長としての1年…109
審査部でも特命担当に…111
融資先支援の枠組み創設を提案…113
地元信販会社どうしの合併を企図…116
地元新聞社を再建…118
島大前支店長として街づくりに奔走…124
コラム 塀の上を歩いても娑婆に落ちる…127
第4章 合併事務局、人事部時代…131
「ふそう銀行を極秘に調査せよ」…132
家でも銀行でも挙動不審者扱い…135

難交渉だった住友銀行との合併覚書づくり…138
情報漏れで合併発表を前倒し…140
合併事務局で「七人の侍」の責任者に…146
活発な人事交流で企業文化を融合…148
人事の仕事に100点満点なし…150
すべての支店を訪問し行員と面談…153
「どんな悩みでも相談してください」…155
コラム 採用は面接重視、筆記は35点でも合格…158

第5章 駅前支店長・営業統括部長・総合企画部長〜常務、専務時代…161

古巣の駅前支店長として商業ビル存続に奔走…162
売却先探しに価格交渉　山積する難問に対処…164
営業統括部長として独創的な仕事を目指す…169
総合企画部長として「透明」「公正」な企業風土づくりに着手…171
コラム うそは許さない…175

ローコスト構造の実現に向け「聖域なき改革」…178
出張所、代理店を活用し店舗を整理…181
次代を見据え新しいビジネスモデルづくり…184
クレジットカードをフィービジネスの柱に…187
コラム 自分の頭で考える…189

第6章 副頭取時代

第6章 副頭取時代…193
「ごうぎん希望の森」活動をスタート…194
コラム 大風呂敷を広げる…199
「日本の森を守る地方銀行有志の会」の発足…200
障がい者の自立を支援…204
障がい者自身が働き稼ぐ仕組み…206
障がい者の絵をノベルティグッズに活用…210

第7章 頭取時代…215

頭取・会長に定年制でガバナンスを強化…216
助けられた長井君の存在…221
ガバナンスは形式より実質…224
コラム 多胡秀人さんとの出会い…226

第8章 会長時代〜…229

中村元記念館の建築…230
山陰インド協会の創立…234
コラム インドが大好き…238
地元への愛情が地域貢献の原点…241
コラム 宍道湖の夕陽と二人の自分…244
コラム 雨が似合う町…247

序

人まねしていたら生き残れない

山陰合同銀行は島根県の松江銀行と鳥取県の米子銀行が昭和16年7月に合併して誕生しました。1県1行主義という地域金融行政がとられていた時代に、山陰だけは島根、鳥取の2県で1行体制となり、その後現在に至るまで、合銀は島根県と鳥取県の指定金融機関となっています。

もっともそれは、この地域の人口が少ないということの裏返しです。令和二年七月現在で島根県の人口は66・8万人、鳥取県は55・2万人弱、両県合わせて122万人に過ぎません。日本の人口は、現在、1億2596万人程度です。全国には47都道府県がありますから、単純に計算すると一つの県の平均は2%ぐらいになるはずですが、山陰は二つの県を合わせても1%程度にしかなりません。県民所得も県内総生産も両県合わせて0・8%程度です。

人口20万人前後の都市も、近隣の広島県には広島市・福山市・呉市、岡山県には岡山市・倉敷市、山口県にも下関市・山口市がありますが、山陰には島根県の松江市と鳥取県の鳥取市しかありません。島根・鳥取の両県で300キロもの海岸線を擁していますが、そのなかに数万人規模の町が点在し、産業の集積も、都市機能の提供も決して十分とは言えません。

地方経済の地盤沈下が叫ばれて久しいですが、われわれの本拠地である山陰は、残念ながらその最先端の厳しい経済環境に置かれています。何もしないでいたら必ず沈んでしまいます。われわれは生き残るために、必死に考えて考え抜かなければならないのです。それは、この地域に存立している、われわれの宿命です。

一方、経済基盤が脆弱だからといって、地域への金融サービスの提供を縮小したり、放棄したりすることはできません。われわれ地方銀行は、地域で必要とされる金融サービスをすべて提供する責任があるからです。

ＡＴＭであれば、島根県は人口密度が低いので松江の街なかに１台あればいいというわけにはいきません。仮にお隣の広島県でけ１キロ圏内にＡＴＭが１台あるということならば、島根県内でも同じような配置をしなければなりません。そうなると、おのずとＡＴＭの稼働率は低くなります。横浜市などでは、１台あたり１日に５００件以上の利用があるようですが、この地域では「１日に１００件の利用があるのならば撤去するな」と言っているくらい差があります。

ＡＴＭの機械は、全国どこで買っても同じ値段がします。１台あたり８００万円ぐらいでしょうか。１日の利用が１００件程度では、とても投資コストを回収できません。これは店舗コストや行員のパーヘッド収益においても同じことがいえます。

このように、経済基盤が脆弱な地方銀行は、地域への責任を果たすために相当なコストを負担しています。私は、これを地域への「コミットメントコスト」とか、経済基盤が恵まれている地方銀行との「ハンディキャップコスト」と呼んでいます。

われわれは、このコストを何かで吸収する必要があります。仮に経済基盤が恵まれている地方銀行と同じ戦略を採ったとしても、経済合理性の中で差がつき、市場から厳しい評価を受けることになります。地域への責任も果たせなくなるでしょう。

では、どうすればいいのか。人まねをしていたら絶対に生き残れません。新しいビジネスモデルを常につくり続けていく必要があります。言い換えると、すべてにおいて新しい風が常に吹き続ける企業風土でないと、われわれは衰退していくということです。

これは、私一人でやれることではありません。すべての行員が同じ方向に向けてベクトルを合わせなければなりません。そこで、私は「ユニークな地方銀行」という目標を掲げ、「創意工夫」を人材教育の根幹に定めたのです。

この考えは、創立50周年を迎えた平成3年7月に行員との対話を積み重ねつくられた経営理念、「地域の夢、お客様の夢をかなえる創造的なベストバンク」を参考にさせていただきました。この言葉には、「地域の夢、お客様の夢をかなえる」ために、われわれは地域へのコミットメントコストを負担し続けるという強い覚悟が込められています。

私は、副頭取のときに、地域へのコミットメントコストがどのくらいかかっているのかを計算したことがあります。その結果、経済基盤が優位な他行に比べて年間で50億円ぐらい、余計にコストがかかっていることがわかりました。当行の純利益は、私が副頭取になるまでは年間40〜50億円ぐらいでしたから、もし、このコミットメントコストがなければ、純利益は100億円程度あった計算になります。

また、「ベストバンク」としていますが、これは、健全な銀行、サウンドバンキングを目指すということです。健全であるためには、毎年、きちんと利益を出さなければなりません。「地域の夢、お客様の夢をかなえる」ために、地域の皆さまに常に、最先端の金融サービスやノウハウを提供し続け、経済基盤が優位な他行と同レベルの収益力をもたなければなりません。

つまり、一方では「コミットメントコストを負担し続けていく」とし、もう一方では「収益力の高い健全な銀行を目指す」とあえて矛盾したことを掲げたうえで、「われわれは矛盾する二つの命題を同時に解決するビジネスモデルをつくることを目標とする」と宣言したのがこの経営理念なのです。

しかし、そうしたビジネスモデルをつくり上げていくことは非常に難しいことです。ではどうすればいいのか。その答えが、二つの命題を結んでいる「創造的な」という言葉です。

「創造的」とは何か。それは「自分で考えて、自分で行動する」ということです。人のまねをするなということです。私は、ずいぶん前から、銀行の若い人たちに「創意工夫が大事だよ」と言ってきましたが、「自分でものごとを考えて、独自性のあるアイディアを打ち出し、新しいビジネスをつくっていく」、そうしたオリジナルでユニークな銀行にならないと生き残っていくことはできません。

経営には一貫性が必要です。一貫性をつくるのは理念です。経営理念に対していかに忠実にビジネスを行っているか。そうした明解さが経営には求められます。経営理念が企業風土として根付き、さらに一人ひとりの行員のDNAにまで浸透すれば、これ以上強い組織はありません。すべては地域のために。それがわれわれの使命なのです。

私は地方銀行の一人としても、また住民の一人としてもこの地域を愛しています。「地域密着」にはいろいろな形があると思いますが、地銀の頭取であれば、「地域に対

する愛情」は普遍的であるべきでしょう。愛情がなければ、情熱は呼び起こされず、行動にもつながりません。
　教科書に書いてあるからやる、上司に言われたからやるというものではなく、ふつふつと湧き出る情熱から生まれるクリエイティブな発想を実現することで地域は一つになっていきます。その原点は愛情です。
　それでは、これから、私がどのようにして地域に対する愛情を実現してきたのかについて、私を育ててくださった方々の思い出とともに、振り返ってみたいと思います。

古瀬　誠

第1章

生い立ち〜学生時代

二つの誕生日

古瀬の本家は、今の奥出雲町（島根県仁多郡）で、代々神社の神主をしていました。私の生家はその分家に当たります。曽祖父が高齢になってから松江市に出てきて、祖父が現在の場所に家を建てました。

祖父は、大阪の税務署に勤務していましたが、島根に戻って県の職員になり、家を建てました。当時、家計は大変苦しく、まさに爪に火を点すような貧乏生活だったようです。祖父には子どもが五人いましたが、一人は幼児期に、もう一人も学生のときに亡くなり、三人の男の子が残りました。今では全員亡くなっていますが、このなかの長兄が私のおやじです。

祖父は、家を建てるのが精一杯で、子どもたちを学校に行かせる余裕などとてもありませんでした。長男のおやじも尋常小学校を出ると師範学校に入りました。

師範学校は授業を受ければ給料がもらえました。ただし、師範学校を卒業したら教員になる義務が課されていました。

おやじは、もらった給料で弟二人を大学に行かせました。今思えば、おやじにも進みたい道があったかもしれません。しかし長男として一家を支えなければならない立場では選択の余地がなかったのでしょう。おやじは、二人の弟を無事に大学を卒業させ、自分は教員になりました。

最初は松江市立川津小学校で、次に松江市立内中原小学校で教鞭をとりました。ここで後に私の母となる女性との出会いがありました。彼女は高等女学校を出て教員になっていました。高等女学校では首席で近隣でもかなり有名な優等生でした。後年、おやじはよく「母さんにはかなわん」と言っていたものです。本当に頭がよかったようです。そんな女性とおやじが恋に落ちたのです。

時は戦時中。隣近所の男たちは、みんな戦地に赴いていた時代です。おやじは身体が弱く、兵役を免れていました。そのような立場でありながら、小学校という神聖な職場で恋愛をしてしまったのです。当時としては許されないことです。

「人はみんな戦争に行ってお国のために戦っているのに、恋愛とは何事か。おまえたちに教育者の資格はない。学校の風紀を乱す。辞めろ」

二人は校長から退職勧奨を受け、辞めさせられてしまいました。困ったおやじは、県庁の採用試験を受け、何とか採用されました。最初の赴任地は、現在は出雲市の一部になっている簸川郡斐川町の斐川地方事務所でした。このときに生まれたのが私です。

このような、なれそめですから、当然、二人の結婚には祖父も祖母も大反対でした。二人は駆け落ち同然に、今の出雲市平田町にやってきて、4畳半1間の借家生活を始めます。おやじは、ここから斐川地方事務所に通い、おふくろは家で私を出産しました。

私は逆子だったとあとで知りました。

小学生時代の筆者（右）

おふくろが「（出産は）大変苦労した」と口癖のように言っていたのはそのせいだったのでしょう。

私の本当の誕生日は7月6日です。ただ、結婚に反対されていたため、生まれたときは非嫡出子という扱いでした。

それでも生まれてみると、祖父母も孫がそれではかわいそうだと思ったのでしょう。何とか結婚が認められて、私の出生届も8月6日に提出されました。ですから、私は誕生日が2回あるのです。おふくろには、「あんたは7月6日だから」と言われており、小学校の誕生祝いも7月6日にしてもらっていました。しかし、公的な証明書などはすべて8月6日です。おかげで、定年も1カ月延びました。

不屈のDNA

両親が私の名前をなぜ誠にしたのかはわかりません。ただ、古瀬の家系は、読みにくい珍しい名前が多いので、誠という比較的普通の名前でよかったと思っています。ちなみに、祖父は良い悪いの「良」と逸するの「逸」で「りょういつ」です。その長男である私のおやじは、「御」という字の下に「示」と書く漢字一文字で「かづ」です。おじも「鶴」の「城」で「たづき」、そしてもう1人のおじは「芳」と書いて「かおる」です。

私は祖父母にかわいがられ、幸せな子ども時代を送りましたが、若い夫婦の船出は容易なものではなかったようです。おやじは、中途採用のハンディキャップを克服しようと、地方行政法の猛勉強をしたそうです。当時の何かにとりつかれたような猛勉強ぶりは、おやじが座っていたところが擦り切れくっきり跡がついている畳が物語っています。その畳は今もとってあります。そこまで努力したからこそ、学校をクビになったにもかかわらず、県庁では部長にまでなれたのだろうと思います。

おやじは亡くなるまで勉強を続けました。私が頭取のとき、朝5時頃に起きると、おやじの部屋には、すでに明かりがともっていました。雪見障子から覗いてみると、おやじは決まって何か書き物か読み物をしていました。地元新聞にもよく寄稿していました。

おやじは、趣味は何もありません。将棋も囲碁もやりませんでした。私は、競馬もマージャンも好きですが、おやじにしてみたら、そんなものはとんでもないわけです。ただ勉強し、本を読み、物を書く。そういう人生を送った人でした。

おやじは、89歳まで島根県中小企

生涯、猛勉強を続けた父（米寿のお祝い、父は前列中央、筆者は中列中央）

業団体中央会の会長をしていました。96歳で亡くなりましたが、亡くなる3カ月前まで、私とビールで晩酌していました。頭取だった頃、「おまえ、頭取って、そんなに勉強せんでもできるんか」と言われたことを覚えています。「こう見えても、僕もちょっとはやっているよ」と反論しましたが、「そんなものは勉強のうちに入らん」と言下に否定されてしまいました。そして、「おまえを見とったら、ほとんど勉強していない。それでも何とか世の中を渡れるんだな。自分は勉強せんと頭に入らん。おまえは絶対、母さん似だな」と、変な納得をしていました。

小学生時代　妹と

たしかに私はどちらかというと勉強は嫌いですし、おやじのように「畳が擦り切れる」ほど努力もしません。しかし、「不屈」という面については、おやじ譲りだと思っています。おやじも私も諦めることはしません。常に挑戦します。どうしてこれほど諦めが悪いのか、自分でもあきれるくらいです。

私には2歳違いの弟がいました。弟は品行方正で髪もピシッとした模範生でした。それに対して私は、何につけてもあまり自信がなく、どこかヨレヨレ。それでも、仲のよい兄弟でした。

私が六つか七つのときでしょうか、天神様のお祭りの翌日でした。弟は疫痢で早世しました。近くの小児科で腹痛だと診断され、様子を見ているうちにおかしくなり、あわてて松江赤十字病院に運び込みましたが、2、3日後に息を引き取りました。

それから、私はずっと妹と2人兄妹です。妹は結婚しましたが、うちの近所に住んでいて幸せに暮らしています。

唯一の後悔

おふくろは、ずっと専業主婦でした。本当にいい母親だったと思います。

私は顔つきや性格は母親に似ています。母は明るく、まじめなのかまじめでないのか、よくわからないようなところのある人でした。つまり、今の私のような感じです。おふくろは同窓会などではいつもリーダー的な存在でした。仲間が久しぶりに集まると、なぜか話題の中心になってしまうのです。「こうしましょうよ」とリーダーシップを発揮するのではなく、何となく話の中心になっているという感じでした。子どもだった私にはその秘密はわかりませんでしたが、やはり人柄だったのでしょうか。自分の母親をあまり褒めるのもおかしいのですが、本当に人柄のよい、優しいおふくろでした。人の悪口は決して言わず、高圧的な態度をとるようなこともありませんでした。

それだけ温和で優しかったおふくろに、ひどく叱られたことが一度だけあります。幼いときのことです。家で遊んでいて何かにつまずき、祖父の一升瓶を割ってしまったのです。そのときのおふくろは、ものすごい勢いで私を叱りました。

当時の嫁の立場というのは、本当につらいものがありました。食事のときも祖父が上座に座り、私たちは板間、おふくろはそのいちばん下座です。今から思えば、当時の主婦は下部（しもべ）でした。家計も豊かでないのに、自分の子どもが祖父の大切な一升瓶を割ってしまったのです。そんなことで怒る祖父ではありませんでしたが、

顔つきや性格は母親似（左から母、筆者、妹）

おふくろからすれば祖父の手前、叱らざるを得なかったのでしょう。

もちろん、楽しかった思い出もたくさんあります。おやじは、勉強一筋、仕事一筋でしたから、家族と旅行に行くようなことはありませんでしたが、その代わりにおふくろが私たち兄妹をよく旅行に連れていってくれました。

車で5日間ほどかけて北九州を旅したときのことは今でも思い出します。おふくろは道路がまだでこぼこ道ばかりだった昭和40年に、当時の女性としては珍しく運転免許を取り車に乗っていました。しかし運転はあまり上手ではなく、あのときも出発して早々、益田市のあたりで国道の溝にはまってしまいました。あきれるやら、腹が立つやらで、出発直後から親子げんかになったものです。

そんな優しかったおふくろは、私が銀行に入って4年も経たない頃に亡くなってしまいました。私はずっとおふくろに甘えて、つらく当たるようなこともありました。おふくろが49歳で亡くなることがわかっていたら、もっといろいろなことをしてあげられたのにとの思いが強くあります。人生で唯一の悔いといってもいいかもしれません。

母、妹との旅行

この後悔があるから、私は「思ったときに行動しなければならない」という考えを強く持つようになりました。人間、いつ、どういうことがあるかわかりません。

おふくろが亡くなりおやじと一緒に遺品を整理していたら、3冊くらいのノートを見つけました。私の育児日記でした。あれを見たとき、「ここまで苦労して育ててくれたのか」と、私の後悔の念はさらに高まりました。私が逆子だったことも、それを見て知りました。日記には、『オギャア』と泣いてくれた」と、きれいな字で書いてありました。その一行は、今も目に焼き付いています。

引っ込み思案であだ名は「どじ」

小学生時代の私は引っ込み思案の目立たない子どもでした。背は高かったのですが、すごく痩せていました。通信簿の所見欄にはいつも「おとなしい」「もっと積極的に」と書かれていました。

当時、私のあだ名は「どじ」でした。引っ込み思案で自分では何も決められない、周りから見ると「かったるいやつ」だったのでしょう。授業では、わかっていても絶対に手を挙げませんでした。好奇心は強かったと思いますが、目立つことが嫌だったのです。自分から何かに対して飛び込んでいくことができない、そんな子どもでした。

当時の同級生は「古瀬？　そんなやつ、おったんかい」と言うかもしれません。

もっとも、おもちゃを分解して壊したり、前の席の子の頭を叩いたりしてちょっかいを出すような一面も持ち合わせていました。今思い出してもひどいことをしたと思いますが、小学校4年生か5年生のとき授業中におならをしてしまい、わざと「おまえだな」みたいな顔で友達のほうを見て、まんまとその子のせいにしてしまったこともありました。ですから通信簿には「授業に集中しない」とも書かれていました。

友達からいじめられたことはありません。「俺が、俺が」と主張することはしませんでしたが、遊び仲間もたくさんいて、楽しい毎日でした。

特に親しかったのは近所に住んでいた神田俊之君です。彼とは小学校から高校まで一緒でした。神田君は努力家でしっかりしており、中学生のときにはもう「自分は弁護士になって困った人を助ける」と言っていました。私が何にも考えていない頃のことです。

彼は一浪して京都大学に入りました。京都の場末の映画館の奥にあった、一日中、日も当たらない下宿で勉強をし続けたせいで結核にかかり、一時、寝込む日々を送りましたが、30歳くらいになってついに司法試験に合格しました。まさに初志貫徹です。今は大阪で弁護士をやっています。

トーマス・アロンスタイン君というアメリカ人の子どもともなぜか親しくしていました。アメリカの子どもが片言の日本語で友達と一緒に小学校に通うのが珍しいから

結核性肋膜炎で入院（退院当日、後列中央が筆者）

と、取材を受けて新聞の記事になったこともあります。

勉強が嫌いでやる気がなく、痩せっポチの私でしたが、なぜか足だけは速かったのです。小学校6年生のとき、松江市内の小学校から代表が出る小体連陸上大会があり、100メートル競走に出場しました。小学校ですから陸上部などはなく、先生にいきなり「出ろ」と言われ、よくわからないまま出たらなんと優勝してしまいました。新聞記事に取り上げられたことと併せ、私にとってそれは小学校時代の数少ない晴れ舞台でした。その優勝で「人よりも少しだけ走るのが速い」と変な自信がつき、自分が少し変わるきっかけになったような気がします。

同じ年の夏、大社町（現在の出雲市）で臨海学校の合宿をしているときに高熱が出て、半年ほど入院しました。結核性肋膜炎でした。とはいえ、要するに結核ですから、闘病生活と言ってもおいしいものを食べて寝ていればよいのです。毎日、ヒドラジンという飲み薬とストレプトマイシンという注射を打ち、目玉焼きを食べました。物のない時代で、さほど豊かでもありませんでしたから、目玉焼きはごちそうです。こんなにおいしいものを毎日食べていいのかと思いながら療養していたことを思い出します。

夏季補習の常連

小学校で走る楽しさに気づいたので、中学校では自分から陸上部に入部し、3年間、練習に明け暮れました。

体育の先生が指導をしてくださり、練習すればするほどどんどん速くなりました。松江市の中体連には100メートル競走と200メートル競走に出場し、100メートルで優勝しました。部活を続けるうちにチームワークの大事さも学ぶことができました。

その一方で学業はひどい有り様でした。勉強は自分でしようという気がなければ、身につかないというのが私の持論ですが、当時の私がまさにそうでした。おふくろも小さい頃は、「もっと勉強しなさい」と言っていましたが、中学校に入ると何も言わなくなりました。おそらく諦めたのでしょう。

陸上部に入部、国体旗をリレー（右側 前から2人目が筆者）

当然、通信簿はどの科目も5段階評価でみな「2」とか「3」、たまに「4」があるという感じでした。好きな科目などありませんでしたが、なぜか数学だけは好きでした。

いちばん、苦戦したのは音楽です。実は私はすごい音痴で、音楽の成績はずっと「2」でした。あまりに音痴だったため先生に「ちょっと来い」と言われ、グランドピアノに耳を付けさせられて「これがドだ。歌え」「ドー」「ほら、違ってる」と、みんなが見ている前でやられたときのことはトラウマになっています。その私が、今ではカラオケを頻繁に歌っているのです。自分でも支離滅裂だと思いますが、そ

松江市中体連では旗手を務める

れだけ性格ががらりと変わったということです。

夏休みの補習を3年間とも受けたのはおそらく私くらいではなかったかと思います。私が通った島根大学教育学部付属中学校には1学年に4クラス、200人くらいいましたが、夏休みになると成績の悪い生徒を30人くらい集めて補習をさせていました。私はこの「200人中の後ろから30人」に毎年入っていたわけです。

周りの友達が夏休みで遊んでいるとき、ずっと補習に出ていたのに、私はそれを苦だとは思いませんでした。どうせ夏休みも学校に来て陸上の練習をしなければならないので、そのついでのような気分でした。ですから、補習の授業など端から聞いていません。そういう不真面目な態度だったので3年連続で補習の対象者に選ばれたのも当然です。

頭が「半分なくなる」

高校は島根県立松江北高等学校（北高）に入学しました。中学時代に優勝していたので陸上部から勧誘され入部しました。陸上部のトレーニングはものすごく厳しいものでした。当時は練習中に水を飲ませてもらえませんでしたから、夏休みの合宿では吐くものがなくなって胃液のようなものが出るまで、ゲーゲー言いながら走らされました。

ハードな練習にも体が慣れ、少し気が緩んだのかもしれません。秋のある日、私は生きるか死ぬかの大変なけがを負ってしまいました。

その日はいつものように、昼休みに部室の近くで友人たちとアイスクリームを食べながら話をしていました。すると、誰かが「危ない！」と叫びます。誰かが遊んでいたハンマー投げの鉄の球が私のほうに飛んできたようです。私は見ていませんでしたから、はっきりとはわかりません。ただ、誰かが「危ない！」と言ったので「あっ」

と思って身をすくめたら、運悪く、鉄の球が頭に命中してしまったのです。

私はそのまま倒れ意識がなくなり、気がついたら救急車の中でした。陸上部顧問の大熊先生や松浦校長先生などに囲まれていたので、私はきょとんとして「何ですか」と聞いたら「頭、頭」と言われました。右半身は全然動きませんでしたが、左半身は動いたので手で頭を触ったら、半分くらいありませんでした。頭蓋骨陥没と硬膜下出血です。頭がぺこっとへこみ、中がぐちゃぐちゃになったのです。

私は「あれっ、頭をどうしたんだろう」と思い、「頭だったら、あほになってしまう。それは困る」と考えました。そして、九九をしました。「2×2＝4、2×3＝6、2×4＝8、2×5＝10……」、大丈夫だ」。このことは鮮明に覚えていますが、そのあとは、意識がなくなったり戻ったりの繰り返しでした。

私は当時の松江赤十字病院に担ぎ込まれました。その頃は脳外科などありませんから、普通の外科です。目が覚めたとき、おふくろが私の学生服を持ってじっと立っているのが見えました。私は「おふくろは心配しているのだろうな」と思いましたが、また意識がなくなりました。そうこうするうちに動かない右側が痙攣し始めたのです。主治医の小野先生から「出血が続いているからこういうことになる。直ぐに手術をしなければ」と言われ、手術を受けました。

手術は頭蓋骨に5カ所の穴を開けるところから始まったそうです。今と違い当時は、のこぎりのようなもので頭蓋骨を切っていきます。そこからゴムのチューブを入れ、血腫を除去し、また頭蓋骨を塞ぎます。私の場合、削ったときに骨の一部がどこかに飛んでしまったらしく、探すのが大変だったと聞きました。

手術にかかった時間はもちろん、手術の後、どのくらい経ってから意識が戻ったのか、覚えていません。主治医の先生は、両親に「残念ですがかなり厳しい状況ですので親戚の方を集めてください」と告げていたそうです。そのせいか、気づいたときに「ずいぶん親戚の人が来ているな」と思ったものです。それでも結局は16歳という若さのおかげで持ち直したのでしょう。まだ嫁さんももらっていないし、今死んでは大変だと思ったのかもしれません。

人生観が変わるきっかけに

手術後は意識を失うことはなくなりましたが、毎朝9時前になると決まって、まるで釣鐘の下にいるような「ワァーン」という耳鳴りがするようになりました。5分程度だったらしいのですが、私には30分ほどにも感じられました。黙って聞いていると気が狂いそうになるので、音に負けないように私も「わーっ」という声を出しました。それが病院中の話題になり、治ってから「あいつは頭がおかしくなったという噂で持ち切りだった」と聞かされました。

てんかんの発作も出ました。今のように血腫をすべて除去することはできなかったので、血管が圧迫され脳波がぐちゃぐちゃになって倒れるのです。先生からは「血腫は脳に吸収されるから、半年はかかるかもしれないが脳波の異常は必ず治る。とにかく舌を嚙まないように、おかしいと思ったら割り箸にガーゼを巻いたようなものを嚙め」と言われました。先生がおっしゃったとおり、発作の回数は少しずつ減り、そのうち完全になくなりました。

私とちょうど同じタイミングで工業高校の野球部の生徒が、デッドボールで脾臓が破裂して運ばれてきたそうです。ところが、当時は手術用の麻酔台は1基しかありません。それが私の手術でふさがっていますから、彼は麻酔なしで腹を開けて脾臓を取ったそうです。彼（もう亡くなりましたが）とは同じ病棟に入院して、友達になりました。

彼は手術こそ大変だったと思いますが、日に日によくなっていきました。それに比べ私はいつまで経っても右半身が全く動きませんでした。体はしびれていて本当に鉛のようでした。

鉄の球が当たったことで私の脳の一部は死んでしまったのです。蘇ることはありません。先生には「残念ながら君の脳の左側の神経はみんな死んでいる。しかし脳にはまだまだ、ものすごく広い分野が残っている。刺激を与え続けて、そこを開発するしかない。だからリハビリは根気強くやらなければいけない」と言われました。

リハビリは単調で同じことを今やれと言われたら、3日ともたないでしょう。専門の先生が来て、木刀を置いて「握れ」と言うので、私は「うーん」と言いながら握ります。毎日、毎日、この繰り返しです。1カ月経っても変化がありませんでしたが、やがて「ピッ」と手が動いたような気がしたのを皮切りに、少しずつ、少しずつ治っていきました。足のほうが先によくなり歩けるようになり、その後、1年ぐらいかかりましたが、手も完全に回復しました。

この大けがのせいで私の人生観は大きく変わりました。「いつ死ぬかわからないのだから、ちゃんとやらなければ」と考えるようになり、いろいろなことに積極的にチャレンジするようになったのです。

あの大けがをする前までは、親に何を言われても「嫌なことは嫌だ」「大変なことはしたくない」と馬耳東風でした。しかし、生きるか死ぬかという人生最大の出来事を経て、私の中でスイッチが入りました。「集中する」ということを覚えたのです。

さすがに陸上部への復帰はあきらめましたから、毎日毎日、陸上部の練習に明け暮れていた時間が空いてしまい、何もやることがありません。そこで、退院してから大学受験までの1年半は、生まれて初めて集中して勉強をしました。

当時の北高は1学年9クラスで、3年生になると就職コース、理系進学（理数）コース、文系進学コースとクラスが分かれました。私は数学だけは好きでしたので微分・積分や幾何学が勉強できる理数コースを希望しました。理数コースは9クラス中2クラスしかなかったのですが、高校2年生の終わりごろには、曲がりなりにも多少は格好がつく成績だったので、何とか、すべりこむことができました。中学校の頃までの成績では絶対に入れなかったと思います。

理数コースのクラスメートはみんなまじめでした。そのおかげもあり、私も1年間、本気で勉強しました。そして、担任の先生から「おまえの偏差値なら、慶応ぐらいがいいんじゃないか？」というアドバイスをもらえるぐらいになりました。

大学受験は慶応の経済学部と商学部を受験し、どちらも合格しました。経済学部は一次試験が英語と数学、二次試験が英語、数学、国語、社会、商学部は一次試験のみで科目は英語、数学、国語だったと思います。

個人的に早稲田よりも慶応の雰囲気のほうが好きでしたし、学生運動もそれほど活発ではなく、学費も早稲田より安いということで慶応を受験しました。また慶応の経済学部と商学部は数学が受験科目に入っていたのも志望した理由の一つです。

なぜ経済学部に入ったのかはいまだにわかりません。商学部のほうが実務には役立ったかもしれません。ただ、経済学部は一次、二次と二回も試験を受けさせられたのだから、入らない手はないみたいな感じだったのかもしれません。

合格発表をおふくろと2人で見て、貼り出された紙に自分の受験番号を見つけて大喜びしたことを覚えています。

銀行論履修も成績は……

最近は東京の有名大学の学生に地方出身者がものすごく減ってしまっているようで、少し前に松江に来られた慶応大学の前塾長の清家さんから、「最近は島根県出身の慶応の学生は、一年から四年まで合わせても4人しかいません」と聞いたときは驚きました。私たちの時代は島根県出身者が4、50人はいたはずです。

ですから当時は慶応と言っても田舎者が半分ぐらいを占めていて、スポーツカーで学校に来るやつがいるかと思えば、奨学金をもらって、アルバイトをして、青息吐息で暮らしているやつもいるなど、多種多彩な学生が集まっていました。

大学時代の友人はみな「適当に勉強して、適当に遊んで、楽しくやろう」という感じで、学校に残って勉強をするようなタイプは仲間にはいませんでした。ただ、みんな個性豊かでしたから、行動面でも思想面でも大きな影響を受けました。

なかでも同郷の竹下亘君とはいいところも悪いところも、お互いにすべてをさらけ出しあった、気のおけない関係でした。経済学部の同学年のなかに島根県出身者は数えるほどしかいないのに、同じクラスだったので、すごい偶然だったと思います。初対面でいきなり、「おまえ、実家はあのあたりか」といった話をして、それからもうべったりです。

竹下君を含めて、お互いの下宿を泊まり歩くほどの仲になった友人は最終的には5、6人で、いつもそのグループで行動していました。みな、まじめにコツコツ勉強する感じではなかったので、大きな声では言えませんが試験のときは「協力」もしました。「おまえはこれとこれ」といったように各自に科目を割り振り、担当した科目だけを必死で勉強します。試験のときはその科目の担当が階段教室のいちばん前に座り、その後ろにみんなが縦に並び、先頭の担当が書いたものと同じ答えを後ろの友人が書き、そのまた後ろの友人が同じ答えを書き……という「戦術」をとりました。もちろん、そんなことばかりをしていたわけではありませんが。

思い出深いのは竹下君が数学の担当だったときのことです。そのとき私は、先頭の竹下君の2つ後ろの3段目にいました。私の後ろには4人くらいいたと思います。やがて竹下君の書いた答えが回ってきました。しかし私には、それが間違っているように思われました。そこで竹下君の答えを訂正して私より後ろの友人に伝えました。

ところが、実際には竹下君の答えが正解で、間違っていたのは私でした。結局、私の前に座っていた2人だけが正解で、私の後ろにいた友人はみな間違えました。だれも単位を落とすことはありませんでしたが、「余計なことをしてくれたな」とずいぶんみんなに責められたものです。

三年生のときには、選択科目で銀行論を取りました。一年生の頃から、島根に帰って東京と同じ仕事

友人たちはみな個性豊か

をするならば、銀行に就職するしかないと考えていたからです。

試験の問題は「銀行の信用創造機能について説明せよ」という1問だけ。それなりに答案を書いたつもりでしたが、結果は「不可」でした。それでも私は銀行に入ることができたので、竹下君にはいまでも「銀行論を落としたやつが銀行かよ」とからかわれます。でも幸いなことに成績証明書には不可となった科目は記載されなかったので、私が銀行論を履修して不可となったことは、仲間内だけの「秘密」です。

慶応の場合、教養課程の必須科目を二年生までに取ることができないと、三年生になったあとも三田から横浜の日吉にその科目の授業を受けに行かなければなりませんでした。時間がかかりますし、何よりも「必須科目を落とした先輩だ」という目で見られるので、みんなそれだけは避けたいと思っていました。

私の場合、教養課程ではドイツ語が危ういところでした。いつもの仲間でマージャンをしてさぼっていたからです。大学の前の信号のところにマージャン屋がありました。ドイツ語の授業に出ようと大学に行っても、信号待ちの間に「ちょっとマージャンしていくか」ということになってしまい、結局は授業に出ないという毎日でした。

私のマージャンは淡白で脇が甘く、あまり勝てませんでした。竹下君は慶応高校時代からマージャンをやっていて、賭けマージャンがばれて親が始末書を書いて退学を免

竹下亘君（前列左から2人目）と無二の親友に

れたぐらいですので、強かったです。

ドイツ語の試験は何とかクリアできたのですが、出席日数が足りなかったので成績通知が届くまで落ちたかもしれないと覚悟していました。みんなの間で「薄い封筒が届けばセーフ、厚い封筒ならアウト」という噂が広まっていました。留年のための資料が入っていれば封筒が厚く、進級の案内だけなら封筒は薄いはずだというのが根拠です。

春休みに入り実家のおふくろから「大学から手紙が来ているよ」と電話がありました。「厚い？　薄い？」と聞いたら、「厚いよ」。私は「あー、落第だな」と思い、おふくろに「開けちゃ駄目だよ」と言って実家に戻りました。そして封筒をそっと開けてみたら、厚いのは三田の校内案内図などのパンフレットが入っていたためで、何のことはない、進級を通知する書類でした。

結局、私たちの仲間は誰一人、留年はしませんでした。76人いたクラスですんなり卒業できたのは55人前後でしたから、20人くらいは留年したことになります。マージャンばかりしてあまり勉強もしなかったのに「チームワーク」のおかげだったのでしょう。

コラム
母校愛

私の慶応に対する愛着は人一倍強いかもしれません。ですから、たとえば、寄付のお願いが来れば、大した金額ではないですが、必ずするようにしています。

私が常務か専務のときに、寄付するために振込用紙を書いていると、早稲田出身の同期から「何を書いているんだ?」と聞かれたことがあります。「慶応から卒業生に寄付の依頼が来ていて3万円にしようか5万円にしようか迷っているんだよ。まあ、清水の舞台から飛び降りる気持ちで5万円にするか」みたいなことを言ったら、「おまえ、いちいち寄付しているのか」と驚かれました。そしてその同期は「早稲田からもたまに来るけど見ないで捨てるぞ」と言っていました。

私の周りの慶応の卒業生は、みんな同じように寄付をしています。あれほど楽しく自由に過ごさせてもらったのだから、後輩たちのために寄付するのは当たり前だという感覚があるのです。

そうしたこともあり、慶応出身者の仲間意識、つながりはとても強いものがあります。私は島根三田会の会長をしていますが、非常に活発です。集まりには必ず何十

YNS/PIXTA（ピクスタ）

人と出てきてワーワーやっています。

頭取面接で反論

私の就職活動は仲間の一人だった広井君に「一緒についてきてくれ」と言われて訪問した中堅商社からスタートしました。

卒業年度だった昭和44年はいざなぎ景気の真っただ中で、日商岩井や丸紅などの中堅商社は大変な人気でした。広井君に付き添って訪問した商社では、慶応の先輩と人事部の人が出てきて、「ようこそいらっしゃいました」というと挨拶もそこそこ、いきなり誓約書のような紙を出されて「当社で採用しますから、これに記入してください」と言われました。私は付き添いで行っただけなので「いや、私は……」と困惑しましたが、「せっかく来られたのですから、どうぞ」と促され、まったく就職するつもりはありませんでしたがサインしました。すると「では内定です」。当時はそういう時代でした。

早い時期から銀行志望

学生時代、早い時期から銀行志望だったことは先に触れましたが、その理由について少し詳しくお話ししましょう。

学生時代、私は東京の大田区馬込に下宿していました。JRの大森駅で降りて荏原行きのバスに乗り、萬福寺の近くで降りたあたりです。当時、先輩に誘われて酒を飲むときはだいたい新橋や銀座でした。銀座といってもクラブではありません。銀座ライオンのような店で遅くまで飲み、12時過ぎに京浜東北線の終電に乗りました。

終電に乗ると、こちらは酔っ払っていますがまわりにはネクタイを締めた、いい歳のおじさんたちが吊り革につかまって何かを読んでいるのです。おじさんたちはまったく酔っていません。終電は混んでいますが、半分以上は明らかにしらふでした。私は東京の終電は酔っ払いしか乗っていないだろうと思っていましたから、初めて乗ったときはカルチャーショックでした。そして「このおじさんたちは、これから家に帰って何をするのだろう」と思いました。私は大森駅で降りましたが、もっと先まで行く人がたくさんいました。横浜のほうに自宅がある人の帰宅は1時過ぎになるでしょう。風呂に入って寝るのが2時だとして、翌朝は7時頃に家を出ないと間に合わないでしょうから、睡眠時間は4時間です。もちろん、今日だけ遅くなってしまった人もいるのでしょうが、終電は乗るたびにいつも満員でした。

私は思いました。「この人たちはいつ、物事を考えているのだろう。朝早く家を出て、機械的に働いて、帰って寝て、また次の日、朝早く家を出て……。こんな生活をしていて、本当に自分の思ったような生き方ができているのだろうか」。この疑問を考え抜いた結果、私は「東京は勤める場所ではない」という結論に至りました。

もちろん、人、モノ、カネ、情報が集まり、政治や文化の中心としての価値と魅力は非常に高いので、東京で仕事をしたいという思いもありました。しかし、馬車馬のように働き、物事を考える時間もないような生活はごめんです。

「その点、松江はよかったな」と私は思いました。「ゆったりしていて、食べ物はおいしい。松江に住んで、東京と関わりを持ちながら、時には世界的な規模で仕事ができる業種はないだろうか。おやじは県庁に入れと言うけど、公務員では完全にローカルな世界に埋没してしまい、東京と関わりのある仕事などはできないだろう。だとしたら、銀行しかないな。合銀ならば東京にも支店があるし、あわよくば海外でも仕事ができるかもしれない」。私はそれで銀行に入ろうと決めたのです。

ところが、いざ山陰合同銀行への就職活動を始めると、10月頃に筆記試験をすると言うのです。友達の付き添いで訪問した東京の名だたる大企業も全部サインだけで採用が決まっていたので、私は思わず、「え？　試験をするのですか？」と聞き返しました。すると、「10月に筆記試験をします。その結果をみて面接をします」。私は「こんな田舎の銀行なのに、杓子定規のような筆記試験をやっていて、よく採用ができるな」と思いましたが、決まりなので仕方ありません。他の人たちと同じように筆記試験を受け、面接も受け、内定をいただきました。

内定が出たあと、採用が決定する直前に頭取面接がありました。立正嘉という、後に日本銀行の政策委員会委員になられた方が、当時は日銀の国庫局長から合銀の頭取に来られていました。大きく突き出たお腹をボンボンボンと叩きながら話す、貫禄のある方でした。

面接では、内定した学生が一人ひとり部屋に入ります。私の順番になり部屋に入り、促されるまま座ると、頭取はガサガサ音をさせながら大学の成績証明書などの資料を見て、開口一番、「君、大学の成績がえらく悪いね」とおっしゃいました。私は「成績が悪かったら（合銀には）入れませんか」と聞き返しました。もともと筆記試験を受けさせられた時点で、頭の中では「ふざけるな」と思っていましたから、そのときも相手が頭取なのにカチンときてしまったのです。

私は「合銀で採用してくれないのならば他で就職すればいいや」と思いながら、「高校のときには仕方なく1年間みっちり勉強したこともありますが、本当は勉強の『べ』の字も嫌なんです。だから大学のときは勉強より、交友関係の拡大に努めました。何か問題がありますか。ダメなら私は辞退しても構いません」と言いました。すると頭取は「そんなことは言っていないよ。成績が余りよくないからそのことを言っただけだよ」と。それに対して私は「そんなことは本人がいちばんよくわかっていますから」と言い放ち、いきなり頭取と議論になりました。今から考えると、よく採用になったと思います。

第2章

入行〜支店時代

入行研修の息抜きはストリップ鑑賞

昭和44年4月1日、晴れて山陰合同銀行の行員となり、県の青年センターでの10日間の合宿研修が始まりました。研修期間中はずっと共同生活です。起床して体操をして朝9時から一日中、マナーや銀行業務の基本を叩き込まれ、札勘の練習をさせられました。夕食後はそろばんの練習です。自習でしたが、全員が遅くまでそろばんをはじき、翌日に検定を受けるという毎日が続きました。

研修期間が半分くらい過ぎた頃でしょうか。夕食を終えるとどうもみんな顔色が悪く、相当、疲れているのがわかりました。つい1週間前までは勝手気ままな学生生活を送ってきていたのですから、無理もありません。私は「このままではみんな配属前に参ってしまうぞ」と思い、速水雄一君に「ちょっと遊びに行くか」と声をかけました。速水君が「どこへ行く?」と言うので、私は「どうせなら徹底的に遊べる場所じゃないと。そうだ、玉造温泉にストリップを見に行こう。そろばんは1日くらい練習しなくても大丈夫だよ」と提案すると、速水君も「それはいいな」と大賛成です。そこで私と速水君が実家に戻り車を用意し、特に疲れている同期10人に声をかけ、玉造温泉に繰り出しました。

同期入行の仲間たちと（中列右端が筆者）

ストリップ劇場に着くと、私は呼び込みのおばさんに料金の交渉をしました。なにしろ銀行に入ったばかりで、みんなお金がありません。「1人千円で頼む」「千円なんてダメだよ」といったやり取りをして、いくらだったか忘れましたが割引料金で特別に入れてもらいました。そして中に入ると、まじめなやつから順番に最前列の「かぶりつき」に座らせて、私と速水君はその後ろで観ることにしました。

いよいよショーが始まると、円形の舞台にお姉さんたち――といっても盲腸の傷跡があるようなおばさんですが――次から次へと出てきてストリップをします。もうみんな大喜びです。全身に泡をつけたお姉さんは、「かぶりつき」の真ん中にいたまじめに熨斗（のし）をつけたような山本健二君をかまい始めました。みんな大笑いしてリラックスでき、楽しい時間を過ごして帰りました。

ところが、翌日、午前中の研修が終わったところで、当時、人事課長代理で後に常務になられた山本さんから「古瀬と速水はちょっと来い」と呼び出されました。「はい」と言って行ったら、山本さんは「おまえたちは昨日、夕食のあとどこへ行った？」と聞いてきます。私が「え？　そろばんをしていましたよ」と答えると、「うそをつくな！　全部わかっているんだぞ」

私としては、研修で疲れたみんなをリラックスさせようと思い、実家に車まで取りに帰って献身的に行動したつもりでしたから、ばれて怒られるなどとは思ってもいません。でも、もう覚悟を決めるしかありません。私は「わかりました、白状します」と一部始終を話しました。すると山本さんから「とにかく、人事部長のところに謝りに行け」と言われました。

人事部長は田辺さんという取締役で、後に専務になられた温厚な方でした。仕方がないので速水君と2人で「まいったのう」と言いながら部長のところに行き「夕べは申し訳ありませんでした」と謝りました。すると新聞を読んでいた部長が口を開き、「君たちは銀行に要らないから、このまま荷物をまとめて帰れ」と言います。私は「え？」と思いました。そう言われても同期たちと合宿で研修中でしたし、帰ったら家族が心配します。ですので「いや、今帰ったらみんなびっくりしますから」と言いましたが、部長は「そんなことは知ったことではない。とにかく帰れ」と言うだけです。もうこれは仕方ないなと思い、「そうですか」と言って部屋を出ました。

速水君と2人で「まいったな。これは帰るしかないな」と言いながら階段を降りていくと、後に常務になられた藤田健夫さんという人事課長代理が追いかけてきて「おまえら、本当に帰るのか？」と言います。「部長に『帰れ』と言われましたから。『帰ったらみんなが心配します』と申し上げたのですが、部長は『それでも帰れ』とおっしゃいます。だったら帰るしかないでしょう」と答えたら、藤田さんは「帰ったら二度と来られなくなるぞ。もう一度、部長に謝れ」と言います。私が「謝るのはいいですけど、謝れば部長は堪えてくださいますか」と聞くと、藤田さんに「それはわからんけど、とにかく、このまま帰るのはやめろ。もう一度謝れ」と説得されました。

藤田さんがそこまで言ってくれるならと思い、速水君に「どうする？」と聞くと、「まあ、行くか」と言うので、また2人で部長のところへ行って「本当にすみませんでした。もう一度考え直してもらえませんか」と頭を下げました。部長は何も答えてくれませんでしたが、隣りにいた藤田さんが「じゃあ、こっちへ来い」と助け舟を出してくれました。おそらく、部長も本当は辞めさせるつもりはなかったのでしょう。

それから藤田さんに「おまえら、いくらなんでもストリップはないだろう」とコンコンと説教をされました。そこで私らが「でも、入行研修のような精神的にもくたくたになるときは思いきって息を抜かないと駄目なんですよ」などと懲りずに言ったものですから、本当に、どえらく叱られました。

その日の夜、私は「このままじゃ収まらんの。行ってない同期はストリップとはわからんはずだから、絶対に行ったやつの誰かが山本課長代理に言ったはずだ。わしが面接するけん、おまえは顔色を見とけ」と言い、同行者8人を1人ずつ呼んで「おまえ、俺と速水がどえらい叱られたけど、まさか言ってないよね」と探りを入れました。でも結局、「密告者」が誰だったのかはわかりませんでした。

「共犯者」の速水君は私と同じ時期に支店長になりました。その後、地元に請われて今は雲南市の市長をしています。彼とはいまも親友です。

初任の北支店では叱られてばかり

すったもんだの入行研修が終わり、北支店に配属されました。

当時の北支店は今、「ごうぎんカラコロ美術館」になっているところにありました。入行店として愛着があり、重要な建築物として保存の要請も受けていたので、頭取になったときに美術館にしました。もともとは八束銀行の本店だった建物で、合併によって支店になったものです。磨き抜かれた木の床、一枚板の大理石のカウンター、丸い柱という重厚な店構えでした。私はここで銀行員としての第一歩を踏み出したのです。行員は四十数人、そのうち女性が7人ぐらいの支店でした。

北支店には今も親しくしている安達旦君という同期と一緒に配属されました。配属された初日に「今日は仕事が終わったら運動会をやるからおまえたちも一緒に来い」と言われたことはよく覚えています。「運動会なら走るのかな」と思ったのですが、運動会と称した飲み会でした。

宴会ではいきなり洗礼を受けました。「おい、新人の2人、1人ずつ校歌を歌え」と言われて、安達君は立命館の校歌を歌いましたが、私は慶応の校歌を忘れていたので「歌えません。覚えていませんよ」と言ったら、「おまえ、母校の校歌も歌えんのか」と呆れられました。そんなことがありましたが、職場の雰囲気はよく、ずいぶんかわいがってもらいました。

最初に担当したのは普通預金係でした。「NCR42号会計機」という通帳と元帳に入出金を印字する機械が窓口係のすぐ後ろに置かれていて、テラーから通帳が回ってくると、キーを打つ、ただその繰り返しでした。私はこの機械を10カ月、昼休みを除いて午前9時から午後3時までひたすら打ち続け、腱鞘炎になるほど肩が痛くなりました。

窓口が締まりこの業務が終わる

北支店は現在「ごうぎんカラコロ美術館」に

と今度は「利息盛り」です。コンピューターシステムなどまだない時代ですから利息の計算はすべて、そろばんで手計算していました。

そのあとは「号別残高表」という集計表を元帳の番号順に並べ、前日の残高と当日の入出金後の残高を「前残」「本残」として書き込み、すべての元帳を足し上げ、預金残高全体の増減を計算します。一方で、入金伝票と出金伝票を集計して、入金の合計と出金の合計で差額を出します。この差額と、号別残高表の差額の合計が合ったら「合い算」となります。これが計算という仕事で、日々のルーティンワークでした。計算の作業中はほかには何もすることができませんし、それだけで残業になりました。決算日ではない普通の日でも、仕事が終わるのは早くて夜の7時、ほとんどは8時か9時でした。

決算日は本当に大変でした。お客さまに払わなければならない利息を計算し、その合計を出します。また、号別残高表の期中の平均残高も計算します。そして利息の合計を平均残高で割って、利回りを出し、たとえば、普通預金金利と懸け離れていないかを検証します。ところが、これがしばしば大きく懸け離れるのです。そうなると、元帳を一冊ずつ、目をしばしばさせながら見ていき、見つかったら修正します。その結果、決算日の作業が全部終わるのはいつも明け方の3時か4時で、自宅に帰ることはできませんでした。

私は本当に仕事ができなくて、号別残高を合わせるときなど叱られてばかりでした。先輩の桶村さんという女性からは、「何を間違えてんのよ！」と、そろばんで叩かれました。昔の現場の女性は怖かったのです。それでも不思議と腹は立ちませんでした。

こうした業務を10カ月やり、今度は当座預金のオペレーターになりました。またオペレーターです。自分はひどい会社に入ったなと思いました。ただ当時、国鉄（いまのJR）では、東大出だろうが何だろうが、必ず1年ほど駅で切符切りを経験させるという話を聞いていましたし、実際、慶応の同級生が「新宿駅で切符を切っている」とぼやいていたので、それを思えば私はまだ楽だな、やはり現場を見ろということだろうと自分なりに考え、「嫌だ嫌だ」と思うのはやめました。

当座預金のオペレーターを6カ月くらい経験したあと、窓口係を担当しました。お客さまの前でお金を数えなければなりませんが、私は札勘が苦手でしたので、緊張したことを覚えています。それでも北支店ではテラーをいちばん長く担当しました。

「青年の翼」での海外研修は欠勤扱い

入行2年目の昭和45年には、「青年の翼」という島根県の事業の一員に選ばれ海外に行くという貴重な経験をしました。

「青年の翼」は将来、地元のリーダーとして活躍することが期待される若者たちに国際感覚を磨かせることを目的に島根県が単独で行っていた海外交流事業です。同様の事業を国が「青年の船」として行っていましたが、その島根県版でした。違ったのは「青年の翼」は飛行機でヨーロッパ各国を回ったことです。

第1回は農業分野から1人、金融機関から1人、建設業から1人、公務員1人といった具合に枠を決め、総勢8人の若者を公募しました。テレビコマーシャルもしたため100人以上の応募があり、筆記試験と面接を経て参加者が選抜されました。

行き先はフランス、西ドイツ、スイス、デンマーク、オランダなどヨーロッパ10カ国。1人あたりの自己負担は5万円だけであとはすべて県費でまかなわれました。その代わりに、帰国後、自分の専門分野のリポートを提出することと、公的機関からの講演依頼を受けることが義務として課されました。金融機関からもたくさんの応募があったようですが、たまたま私が選ばれました。

16日間かけてヨーロッパ10ヵ国を訪問

　ただ、参加するなら2～3週間は銀行を休まなければなりません。そこで銀行の同意を取り付けるために、まず支店長に「実は『青年の翼』のメンバーに選ばれました。銀行の同意書が必要なのでお願いします」と話をしました。支店長は「待てよ、こんなこと認められるのかな」と人事部に相談しました。すると人事部は、「これは欠勤扱いになる。休みたければ休んでいいが、その代わり休んだ日数分、賞与をカットする」「それでよければ同意書に判を押す」と言うわけです。
　私は一瞬、信じられませんでした。そして銀行というのはなんというところだと思いました。県が全額を負担して行員に勉強のために海外研修をさせてくれるというのに、一銭も負担しなくてもよい銀行が、餞別をくれるならまだしも、その行員の賞与をカットするのかと。

この話には続きがあります。帰国後、本当にボーナスがカットされたのはもちろんですが、人事部から『ごうぎん』という行内誌に海外での見聞記を寄稿してくれと言われたのです。これにはさすがに頭にきて、「ボーナスまでカットされたのに、なんで寄稿しなければならないのですか。私の休みは欠勤でしょう。銀行は関係ないはずですよね」と最初は断りました。すると人事部長が電話してきて、「そんなことを言わずに、せっかく行ったんだから何とか書いてくれ」と言います。私は「『せっかく行ったんだから書いてくれ』とおっしゃるなら、ボーナスをカットなんかする必要はないじゃないですか。こんな目にあったら誰だってやる気が起きませんよ」と言い、ずいぶん抵抗しました。しかし最後は「そういう決まりだから」と押し切られ、甘んじて受けました。

ところが、人事部はその後も次々と、何か書いてくれ、話をしてくれと言ってきたのです。私は「まったく厚かましいやっちゃな」と思い、「ひどい銀行に入ってしまったな」と悔やんだものです。

確かに3週間近く不在にして仕事に穴をあけるということになれば、支店長はびっくりするかもしれません。しかし少なくとも人事部長は喜んでしかるべきだったと思います。私が人事部長だったら「やったな！こんな機会はまずないぞ。見聞を広めてこい」と一緒に喜ぶでしょう。確かにMBAを取得するための海外留学費用をすべて銀行が出す今とは時代が違い人材に投資する文化がなかったのかもしれませんが、当時の人事部の考え方に対して私は強い違和感を覚えました。それは未だ心に残っています。

各分野から選抜された総勢8名

そんなことがあったので、私は副頭取になったときに一時、中断していた海外研修を復活させたり、人材育成にはことのほか力を入れました。人材に投資することを惜しんだら、企業は終わりだからです。

「青年の翼」に応募したのは、やはり世界を見てみたかったことと、若いうちに海外に行くことができる機会がほかにあるとは思えなかったことなどが理由です。当時は1ドル360円でしたから、よほど裕福でなければ海外旅行などとても無理でした。まさか銀行がサポートしてくれないとは思ってもいませんでしたが、仮にボーナスがカットになると知っていても応募していたと思います。銀行に入ってまだ2年目でしたから、現場ではそろばんで叩かれ叱られてばかりでしたが、どこでもいいから海外に1回は行ってみたいとずっと思っていました。

言葉も全然話せませんでしたから、身振り手振りでコミュニケーションをとりながらヨーロッパ各地を回りました。当時は、山陰合同銀行はまだ上場していなかったのですが、フランクフルトの証券取引所を訪問したときは、「上場するとはこういうことなのか」と初めて見た株価の電光掲示板の前で実感しました。とにかく、私にとってはすべてが新しいことばかりで驚きの連続でやはり世界はすごいなと思いました。百聞は一見にしかず。あのときに見てきたことは一生忘れません。

東京支店異動と母の死

入行後、猛烈に勉強をした記憶はありませんが、自己申告書の転勤希望先に「東京支店希望」と書いていたので行員試験の勉強は頑張り、2番か3番になることができました。そしてかねての希望通り、昭和47年2月、東京支店に異動となりました。

東京支店でも温かく迎えていただき、銀行の費用で外為学校に通うことができました。まだ右も左もわかりませんから、たいした仕事はできません。当時の東京支店は、仕事よりも勉強をする場でした。行内でも外国為替のことを知っている人はほとんどいなかったので、勉強したことは後々まで大いに役立ちました。仕事は北支店でそろばんで頭を叩かれていたことに比べれば大したことはありませんでした。

そうした最中、おふくろが翌年（昭和48年）の1月28日の朝、副腎皮質ホルモンの副作用で亡くなりました。49歳でした。

おふくろは、ぜんそく持ちでした。それが45歳くらいからだんだんひどくなりました。ぜんそくというのは、呼吸できなくなるので、見ていてつらいものがあります。「ヒューヒュー」と言いながら苦しみますが、背中をさすってあげるだけで、それ以上どうしてあげることもできません。いろいろな病院に行った末、最先端の医療を受けられるということで近隣の大きな病院に入院することになりました。

その最先端医療が、皮肉なことにおふくろが亡くなる原因となりました。最先端というのは新薬と言われた黄色い玉のことでした。副腎皮質ホルモンの錠剤です。しかし、この薬には、心臓に極度の負担がかかり、常用していると心臓が自然に止まってしまうという副作用があります。しかし、当時は夢の新薬ということでぜんそくの患者に投与されていて、おふくろも副作用のことなど知らずにその日も薬を飲み、知り合いが訪ねてきたら、座ったまま亡くなっていました。その後、多くの患者さんが似たような亡くなり方をしたため、副腎皮質ホルモンには厳密な使用制限が付くようになりました。

私のところには1月28日の9時過ぎに親戚の人から、「危篤だからすぐに帰ってこい」と電話がかかってきました。亡くなったと伝えると私が動揺すると思ったのでしょう。その日はちょうど日曜日で、私は寮で一緒だった谷本さん（今は松江の賣豆紀神社の宮司をしていらっしゃいます）からお金を借りて飛行機で帰ろうと便を調べました。しかし、いい便がありません。そこで大阪までは新幹線で移動し、

大学時代に上京した際の母と妹

大阪から米子までは夜行列車に乗って戻りました。まさかもう亡くなっているとは思いませんから、一刻も早く戻らなければとにかく気が急きました。翌朝、4時か5時頃、ようやく松江駅に着き、実家に戻ったところで、実は前日に亡くなっていたことを初めて知らされました。あのときのショックは忘れられません。

おふくろが亡くなった後、兵庫県の短大に進学していた妹が、短大をやめて松江に戻ると言いました。私は「おまえはちゃんと卒業しろ。俺が銀行にお願いしてなんとか松江に戻してもらうようにするから」と説得しました。おふくろの死に加えて、ようやく希望が叶い配属になった東京支店をたった1年で去らなければならない状況に追い込まれたこの頃が私の人生でもいちばんつらい時期でした。

私は支店長に事情を話し、松江に戻してもらえるようお願いをしました。支店長は私の頼みを聞いてくださり、2月の異動で急遽、松江の北堀支店に異動させてくださいました。

見合いから2カ月で結婚

私たち夫婦はお見合い結婚です。それまで私は一度の失恋後は女性との付き合いには無頓着でした。高校時代も女の子と喫茶店に行ったこともありません。大学もその延長です。すでにお話ししたように竹下君たち男友達とばかり遊んでいました。入行後も将来を約束した彼女はいませんでした。

ただ、わが家では当時、女手がなくて困っていました。母が亡くなり、おやじと2人の生活が始まりましたが、おやじは大正3年生まれで、本当に何もしません。出前を頼んでも器を洗わないので臭ってくるし、洗濯物もたまるばかりで全部捨てるしかない。もうこれはやっていられないなということで、急いで嫁さんを探さなければと思ったのですが、心当たりはありません。そこで北堀支店に異動してすぐ、菓子屋をしていた顔の広い親戚に、とにかく家事に熱心な人をと頼んで見合い相手を見つけてもらいました。

見合いの場では、「うちはおふくろが急に亡くなってピンチなんです」と包み隠さず話をしました。おやじと同居してもらうこと、家事が嫌じゃないこと、条件はこの二つだけで、後は何もありません。だめならすぐ次の候補を探さなければならないので、「来週の土曜の午前中までに返事をください」と念を押しました。

ところが、土曜の昼を過ぎても電話はありません。午後になりこちらからかけたら、電話口に出たお父さんは「進めてください」と言うのですが、本人に替わってもらう

と、のらりくらり言うばかりで、いいとも悪いともはっきり言いません。どうにもすっきりしないので、こちらも心配になり、「もう一日だけよく考えてください」と言って一旦電話を切りました。

　やきもきしましたが、翌日「決めていただいて結構です」と本人から電話がきてホッとしました。そしてすぐに式場を探しました。ホテルはどこもいっぱいでしたが、昭和48年4月17日にホテル一畑の和室の部屋の予約が取れ、見合いからわずか2カ月後に式を挙げました。私が26歳、彼女は25歳のときでした。

　じつは私たちは見合いの後、結婚式まで一度も会っていません。お互い結婚式の準備で忙しく、会う暇もなかったのです。それでもこれまでずっと一緒にいてくれて、これが縁というものかもしれません。妻には感謝しています。

結婚式には、大学時代の友人が東京から飛行機で何十人も来てくれました。当然、友人たちをそのまま帰すわけにはいきません。そこで、結婚式の夜は大学の1年後輩がいた玉造温泉の旅館を予約し、友人たちも同じ旅館に泊まってもらうことにしました。しかし、そうなるとただではすみません。どうしても二次会ということになります。

さすがに新婚初夜だからほどほどにしなければと思いましたが、東京から来た友人たちから「まあ飲め」と廊下で吐くほど飲まされました。夜中になってやっとの思いで部屋に戻りましたが、妻が二重に見えるほどへべれけでしたので、私は「おやすみ」と言ってそのまま倒れるように寝込みました。

翌日は二日酔いで大変でしたが、東京経由で会津若松に行くためにタクシーで米子空港に向かいました。ところが、安来あたりまで来たとき、出発直前に「私が持ってあげるから」と言った妻のバッグを旅館に忘れてきてしまったことに気づいたのです。妻は、「だから私が持っていくって言いましたのに」と途端に機嫌が悪くなりました。

困った私はタクシーの営業所から旅館の後輩に電話して「荷物を忘れたから空港まで持ってきてくれ」と頼みました。後輩は「わかりました」と答えましたが、飛行機ですから間に合わなければ仕方がありません。

空港に着いた私たちは荷物を待ちましたが、案の定、後輩はなかなかやってきません。カウンターで「もう5分待ってください」などと頼み込み、それでも来ないので「もういいです」と言ったときに後輩が到着しました。

飛行機の中で、私は妻から「こんなことになるなら、荷物を持つなんて軽く請け負わないでください」とずいぶん叱られました。妻は前日の夜のこともあり、「これはえらいところへ嫁に来たな」と思ったようです。

私は結婚する前から金欠でした。初任給は2万5600円でしたが、飲み代などにどんどん消えていき、全然足りませんでした。「資金繰り」はJCBとVISAのキャッシングで綱渡り状態でしたが、それでも飲み代が払えないのでボーナス払いで急場をしのいでいました。

そうした懐具合で、急に見合い結婚をしたので、新婚旅行の費用はおやじから借りました。行き先は、私の名前が「誠」ですので、新選組の近藤勇の墓がある地ということで会津若松にしました。本当はハワイ旅行にでも連れていきたかったのですが、お金も貯金もなかったので仕方ありませんでした。裏磐梯にも足を延ばしましたが、妻が新婚旅行に満足したかどうかは今もわかりません。

コラム

内助の功と100万円

家内に助けられたことは何度もありますが100万円を用立ててくれた二つの出来事は忘れられません。

一度目は、30代の初めに高校の同級生にお金の工面をしたときのことです。彼は手掛けていた商売が行き詰まり、ある晩、「大阪のほうに夜逃げをするからお金を100万円ほど貸してくれないか」と言ってきました。30歳そこそこの私にとって100万円は大金です。そこで私は家内に「金を出してくれないか」と頼みました。家内は「何でそんなことをしなければならないの」と言いながらも結局は出してくれました。

すると翌日、家内が「お金を受け取りに来て代わりにこれを置いていったわよ」と言うのです。「何だろう」と思い箱を開けてみると、精工舎のキラキラした金色の時計が入っていました。私は「こんなものは金（カネ）の代わりにならん」と思いましたが、彼と連絡を取ることもできず結局、そのままになっていました。

戸棚の奥にあったその時計を私が見つけたのは、もう50代になってからのことです。「こんなものがあったか」とマージャンに行くときに面白半分でつけてみました。すると、マージャン仲間の建築会社のオーナーが「金を払うから譲ってほしい。いくらならいい」と聞いてきました。私は「これでよければ、あげるよ」と言うと、「そうはいかない」と引き下がりません。そこで「いくらでも気持ちでいいよ」と言うと、オーナーは「わかった」と言って時計を持ち帰りました。

数日後、オーナーがお金を持ってきました。その金額は150万円。オーナーいわく「時計屋に持っていったら全部、金（ゴールド）でした。時計屋には『金（ゴールド）だけでもこのくらい。時計だからもう少し高い』と言われたけど、これでいいですか」。私は驚くほかはありませんでした。なにしろ、夜逃げした元同級生には100万円しか貸していなかったのですから。

二度目は私が北堀支店で貸付係をしていたとき、地元では大手だった十和建設の子会社の大軌舗装が経営危機に陥ったときです。大軌舗装は経営も健全でしたが親会社の十和建設が倒産してしまったのです。このとき大軌舗装は親会社に対して、2千万円くらいのお金を貸していました。昭和40年代のことですから、今にすると数億円という規模です。

大軌舗装の社長は親会社の社長が兼務していましたが、実質的な経営は舗装のプロの専務が仕切っていました。その専務が北堀支店に「親会社がつぶれ2千万円が焦げ付くから、うちもつぶれる」と駆け込んできました。

そこで私は「親会社がつぶれてしまったので、プロパーで融資はできません。保証協会の特別融資を活用できないか相談に行きましょう」と社長と専務を連れて信用保証協会を訪ねました。そして、親会社に対する2千万円の貸付は債権放棄することや、社長のお兄さんに保証人になってもらうことなどを条件に、何とか、2千万円の融資の保証をしてもらいました。私は社長に「舗装は2週間でできて資金回収できる。だから手形は切らないこと。社長のあなたは、誰よりも早く会社に出て、誰よりも遅く帰れ」と約束させました。その約束を守った社長は2年半で全額を返済しました。

一段落した頃に、社長がまた「100万円貸してほしい」と言ってきました。私が「あなたのところは実質的には倒産会社ですから、銀行としてはたとえ1万円でも貸せません」と答えると、「じゃあ古瀬さん、あなたが貸してよ」と言います。私はその場では「金がない」と断りましたが、また家内に相談しました。すると、家内は困った顔をしましたが、最後には100万円を私に渡してくれ、私はそれを社長にあくまでも個人として貸してあげました。

その100万円のことはずっと忘れていました。ところがずいぶんあとになって、私が審査部にいるときに社長が突然、訪ねてきて「おかげさまで会社は非常に順調ですが、自分には後継者がいません。ちょうど日本鋪道がうちの会社を買いたいと言ってきたので、売ろうと思います」と言います。私は「いい話じゃないですか。約束を守って、苦労して立て直してきた甲斐がありましたね」と答えました。

すると彼は「これも古瀬さんのおかげです。そこでお願いなのですが、日本舗道にうちの会社を売る際に、古瀬さん名義のうちの会社の株は引き取らせてもらっていいですか」と言うのです。よくわからずに「お金は貸しましたが、私の株なんてないでしょう？」と言うと、「あの１００万円はすぐに返済しようと思ったのですが、いつか恩返しができればと思い、（返済するつもりだった１００万円で）うちの株を買ってもらっていたのです」と説明してくれました。

それを聞いて、私は「そうだったのですか。でしたら、それは社長が好きなようにすればいいですよ」と答えると、彼は「わかりました。では自分の好きにさせてもらいます」と言って帰っていきました。

しばらくすると、私の口座に１６００万円が振り込まれました。びっくりした私は何度も営業部に確認しましたが、「間違いありません。古瀬さんの口座に日本舗道からの振込です」と言われるばかり。「俺はそんなところから金をもらういわれはないぞ…」などと考えているうちに、社長の言葉を思い出しました。

私は「これは受け取れません。どうやって返しましょうか」と言いましたが、社長は「返してもらったら贈与税がかかって困ります。これはあなたの株を売った、あなたのお金です」と譲りません。私は「ひぇー」と言いつつも、仕方がないので銀行にも説明して1600万円を受け取り、長年みんなとの飲み代に使わせてもらいました。

こうして振り返ってみると、私はお金に関する運はよいほうだったのかもしれません。それもこれも、家内が工面してくれた100万円のおかげです。

仕事への「愛情」学んだ北堀支店時代

東京支店から急遽、異動させてもらった北堀支店では出納を約1年ほど経験し、そのあと貸付係の担当になりました。私は北支店でも東京支店でもたいした仕事はしていなかったので、北堀支店で銀行の仕事を覚えたようなものです。

貸付係では最初の2年間は担当、その後の1年は主任として、一から十までみっちり融資の実務を叩き込まれました。北堀支店は25人程度の小さい店でしたので、融資案件の実行、返済の督促、延滞利息の集金まで、すべてやらされました。当時はオイルショックで会社がばたばた倒れ、北堀支店でも融資先ベストファイブのうち3社が倒産しました。その不良債権を処理したことは、私の土台になっています。

北堀支店では先輩に恵まれました。出納係のときは平田市（現在は出雲市と合併）出身の岡さんにかわいがってもらいました。貸付係で融資業務のイロハから徹底的に教えてくださったのが足立令一さん（後に常務）です。

足立さん自身、地銀協（全国地方銀行協会）の通信講座の融資講座シリーズを熱心に勉強されていました。この講座は1コース12冊のテキストがあり、3コース構成だったのですが、1コース分の12冊を紐で綴じた束をドンと私に貸してくださり、「これを1カ月間で全部マスターしろ」と言われました。よれよれになったテキストは赤鉛筆だらけで、足立さんが本当に一生懸命勉強したことがわかりました。

私も必死に勉強しました。1カ月で12冊は大変でしたがどうにか終えて「ありがとうございました」と返すと、足立さんに「これについてはどう書いてあった」とテストをされ、合格だと次の12冊を渡されるということを繰り返しました。私は経済学部出身なので法律は門外漢でしたが、民商法の基礎をある程度、理解できるようになったのはあのときの足立さんのおかげです。足立さんはいつも「融資の実務はお客さまとへらへら会話することではない。まず法律の知識を身につけろ。そこからだ」と厳しく指導してくださいました。足立さんは「勉強家」という点でおやじにダブって見えました。

北堀支店時代は融資業務以外にもいろいろなことを学びました。私の単純なミスで800万円を間違えてほかのお客さまの口座に振り込んでしまったときのこと。お客さまのところに出向いて謝りましたが、返してくれません。人間、こうした状況に陥ると、一人で抱え込み、どうにかして取り返そうと策を弄し余計なことまでしてしまいがちです。しかし、私は自分で勝手に動くことはせず、上司に報告しすべてをオープンにしてトラブルを処理しました。あのときの経験を通して私は問題が起きたときこそ冷静さが必要であり、ひたすら耐え忍ばなければならないということを学びました。それは私の座右の銘である、「百忍」の教えそのものです。

私は、実務や現場において極限に追い込まれた状況からこそ独創的なアイディアが生まれると思っています。ですから、そうした経験をすることは貴重なことなのです。そこからふつふつとした情熱が生まれ、それが自分自身を駆り立てるのです。私が常々、若い人たちに「自分で考えろ」「常に挑戦しろ」「いばらの道を選べ」と言っているのはそのためです。

情熱と意志さえあれば解けない問題はありません。知識や知恵はどこからでも借りてくることができますし、インターネットを使えば世界中の知見を集めることができます。では解決しようとする情熱、意志はどこから出てくるのか。それは、愛情だと確信しています。愛情の対象は会社かもしれないし家族かもしれません。北堀支店では自分の仕事に愛情を持つことの大事さを学びました。

コラム

座右の銘

座右の銘としている「百忍」という言葉を私に教えてくださったのは、公私にわたってお世話になった土居さんです。

土居さんはユニークな経歴の持ち主で、若いときは山陰中央新報社の記者をしていました。当時の島根県知事・田部長右衛門さんにかわいがられ、いろいろなことを教わったようです。

田部長右衛門さんは「たたら」の元祖にして日本の山林王です。田部家は旧家で、長右衛門さんは大変な文化人でした。京都大学在学中から交友関係が広く、北大路魯山人とも付き合いがあったり、松露亭という雅号を持ち自ら陶芸もたしなむなど風流

「西忍」を教えてくださった土居さん（右）

人でした。竹下登先生に政治の道を勧めたのも長右衛門さんです。要するに、地元の名士中の名士だったわけです。

その長右衛門さんが知事になり、新聞記者だった土居さんをかわいがり、美術の世界のことを教え込み、自分の番頭のような存在に育てました。山林王ですからもともと番頭は何人かいましたが、土居さんも新しい番頭の一人としてそばに置くようになったのです。

昭和43年に松江に山陰中央テレビジョン放送という新しいテレビ局ができ、長右衛門さんの息子さんが社長になると、土居さんはそのお目付役として専務に就きました。以後、土居さんは長右衛門さんの息子さんを陰で支え続けました。

土居さんの見識と審美眼は本当にすばらしいものがありました。私は若いときにたまたま土居さんの知遇を得て、お酒に誘われるなど、かわいがってもらっていましたが、ある日、宍道町（現・松江市）にあった柳楽泰久さんの窯元、「寿康窯」で土居さん自身が焼いた陶板を1枚、いただきました。その陶板に書いてあった言葉が「百忍」でした。土居さんは「仕事を続けていくとつらいことや悔しいことはしょっちゅうある。この教えを心に常に留めておいたほうがいい」とおっしゃってくださいました。「百忍」とは文字通り、「百を忍ぶ」ということです。中国の古典で処世訓をまとめた「菜根譚」に載っています。

衰颯的景象　就在盛満中
発生的機緘　即在零落内
故君子居安宜　操一心以慮患
処変当堅百忍

「物事の流れが悪くなっていく兆しは、最も幸せで充実しているときに始まる。新しい芽生えの動きは、どん底のまるで希望のない状態になったときに始まる。物事が好調だとつい有頂天になりがちだが、君子はそうしたときこそ心を集中して本当にこれでいいのかと悩みや災いに備えるべきである。しかし、それでも落ち目になることはある。そのときは『忍』という字を100回書きひたすら耐えるべきである」という意味です。

田部長右衛門さんの後任で知事を務められた伊達慎一郎さんがかけてくださった言葉も忘れられません。伊達さんは、島根県立松江商業高等学校から東京帝国大学法学部へ行かれて、弁護士の資格ももっていらっしゃいました。

私たち夫婦はひょんなことから伊達さんに結婚式の仲人をお願いした関係で毎年正月に「ちゃんと仲よくやっています」と報告をするのが恒例になっていました。

ある年の正月、いつものようにご挨拶におじゃまあすると、伊達さんは「君もそろそろ役が付いたか」と言われます。私は決して出世頭ではなく、むしろ役が付いたのは遅いほうでした。私が「まだなっていません」と答えると、伊達さんはこう教えてくださいました。「そうか。でもすぐに管理職になり、大事な仕事を任されるようになるだろう。そうすると、腹をくくって決めなければならないときが必ずやってくる。そのときはまず、徹底的に、悔いが残らないよう考えろ。しかし君がいくら考えても、結論は到底出ないはずだ。おそらく最後に二つか三つの選択肢が残るだろうが、それでも結論は出ないだろう。考え尽して飯も食べたくないような限界に達すると、くじけそうになると思う。そんなときは黙って目をつぶり、何もかも忘れて寝てごらん。そうすると、あくる朝、目を覚ますと不思議と道は開けているものだ。そこまでいったら躊躇なく進みなさい」。

つらいときや悔しいときは「百忍」。重要な判断をするときには飯を食べたくなくなるほど考え抜き、決めたら迷わず進む。この二つの教えは私の心の中に常にあります。

「広銀には一先も融資先を取られるな」

北掘支店で3年間、仕事をした後、松江駅前支店に異動しました。駅前支店にはこれを皮切りに3回ほど在籍しましたが、このときは昭和52年から56年までの4年半でした。駅前支店での仕事は本当にハードで、身体も傷めました。

松江駅前支店の同僚たちと（後列右から2人目が筆者）

1年目は渉外係でした。2階に渉外係の部屋があり、10人くらいがいたと思います。

支店長は後に専務になられた大原祥男さんでした。大原支店長には北堀支店のときの足立さんと同じか、それ以上の影響を受けました。

ある日、私と渉外係の次長だった小笠原正克さん（後に取締役）が大原支店長に呼ばれ、「もうすぐ駅前に広島銀行の松江支店がオープンする。うちの取引先はただの一先も広島銀行に渡さないようにすること、それが君たちの任務だ」「預金はいい。しかし融資はご祝儀で受けるのも駄目だ。取引先が融資を一銭でも受けたとなれば君たちは職務を果たしていないということになる」と告げられました。小笠原さんと私は「なんと厳しい。でもやるしかないですね」と腹をくくりました。

小笠原さんは職務に対して非常に現実的に対処するとともに、ものすごいエネルギーを持った人でした。厳しい人でしたが、曖昧なところがなく見習うべきところが多い先輩でした。

私たちはまず、大原支店長の「一先も取られるな」との指示は、「プロパー融資は一先も渡すな」ということだろうと解釈し、対象先をリストアップすることから作業に着手しました。ところが、なにしろ駅前の支店ですから、融資先はごまんとあります。それを広島銀行の支店がオープンする1年半くらいまでの間に全てつぶさなければなりません。そこで私たちは2人で日程を組み、地域割りをしたうえでそれぞれの担当範囲の取引先を一軒一軒訪問し、「広島銀行からは1年間は借りないでください」と頼み込みました。そこにはもう理屈も何もありません。とにかくお願いして相手をその気にさせるだけです。非常に単純な話ですが、それだけに難しい交渉でした。

幸い、ほぼすべての取引先から確約が取れたなかで、私が担当していた2社は最後まで首を縦に振ってくれませんでした。

そのうちの1社は内装工事の会社で、アポイントを入れても社長が会ってくれません。そこで社長の自宅で帰宅するのを待ち構えて「借りないでください」。夜討ち朝駆けもいいところです。社長から「そんなことを言われても、うちは広島銀行の駅前支店の内装工事を手掛けているんだぞ。1千万円くらい借りてもいいだろう」と言われても、「いや、駄目です」と、理屈も何もなくとにかく頭を下げました。社長が「納得できん。そこまで言うのなら、合銀との取引自体を考え直さなければいかん」と言えば、こちらも「それは覚悟の上です」と返すようなやり取りもしました。

間に挟まれた先方の取締役経理部長はさぞ困ったと思います。ありがたいことに最終的には社長に内緒で、彼の判断で広島銀行からは借り入れをしないようにしてくれたのですが、それはどうせ社長にばれる話です。つまり彼が全部かぶってくれたのです。私はその人に感謝して一生、お付き合いをさせていただきました。

私は広島銀行の角廣勲元頭取とも大変親しいのですが、若い頃とはいえ駅前支店でそんなことをしていたと知られたら怒られてしまうかもしれません。

もちろん、あのときも「永遠に借りないでくれ」と言ったわけではないので、1、2年して広島銀行さんから借り入れをした融資先もたくさんありますし、今は「広島銀行の顔もちゃんと立てるように」「広島銀行と協調して対応するように」と言っています。ただ当時の大原支店長は「よその銀行に、駅前に店を出されるようではなめられる。緒戦で徹底的に叩かなければ駄目だ」という、武闘派的な厳しい考えを持っていました。私は、それはそれで一つの見識だと思い、大原支店長を今でも尊敬しています。

ともあれ、私たちは一応、任務を果たし、「広島銀行には（融資先を）一先も渡しませんでした」と報告しました。すると大原支店長は、「ご苦労さまだった。では今日からさっそく次のことをやってもらう」。

今度の任務は歩積・両建預金に関するものでした。当時は融資先について、歩積・両建預金のチェックのためにマネーフロー表を作るように厳しく指導されていました。ところが融資係は忙しさにかまけてまったく作っていなかったのです。そのため行内検査で厳しく指摘され、大原支店長が「1カ月以内にマネーフロー表を完成させる」と始末書を書かされていたのです。私たちはその作業を任されたわけです。

何年も前の伝票をひっくり返して、融資先のお金の動きを逐一、確認するので1カ月といっても時間はあっという間に過ぎていきます。日中は普通に渉外の仕事をして、帰ってきたらミーティング、その後、一文字屋の立ち食いうどんを食べて小笠原さんと2人で金庫に閉じこもる毎日が続きました。小笠原さんは宿直室に泊まることもたびたびでした。私は帰宅こそしましたが、睡眠時間は3、4時間という生活でした。

何とか作業を終えた後、私は過労で10日間くらい休みました。立てなくなってしまったのです。小笠原さんも血圧が高くなり、体調を崩しました。あの作業をきっかけに私は残業嫌いになりました。思えば、そのあたりから私の仕事のやり方は、創意工夫型に変わっていったのかもしれません。

コラム

松江駅前支店に打ちつけられた銅板

業務からはちょっと離れますが、松江駅前支店時代の不思議な経験も話しておきたいと思います。駅前支店では、「縁起の悪いこと」が立て続けに起こったのです。

駅前支店の席順は、奥の方から支店長、統括次長、次長、貸付主任、私という並びでした。

事の始まりは、出納の見習いをしていた新入社員が、ある日、プライベートの交友関係に悩み、自殺してしまったことでした。素直でまじめな若者でしたから、職場の全員が大変なショックを受け、葬儀に臨みました。

すると、次は大原支店長の後任の桑本支店長の首がまったく動かなくなりました。

いろいろな病院に検査に行きましたが原因がわかりません。米子医大に入院し手術をしましたが、治りませんでした。仕事中も痛みがひどく、結局、異動されました。

新しい支店長が着任後、今度は統括次長の野津さんがお酒を飲んで帰宅する途中にタクシーにはねられて亡くなりました。その日、一緒に飲んでいたのは私です。私は悲報を受けて飛んで行きました。

その直前には貸付主任の岩田さんのお子さんが、名古屋に家族旅行をしているときにタクシーにはねられて亡くなっていました。可愛がられていたお子さんでしたから、本当にお気の毒でした。

さらに岩井さんという次長も、真冬に飲み屋から出た瞬間に顔面がまひし、救急車を呼びました。幸い、命に別状はなかったものの、まひは治りませんでした。

こうなるともう、誰もが「おかしいぞ、何かたたられているのでは」と思い始め、私は「席順からいって次はおまえだぞ」と言われるようになりました。そこで、市内の占い師を上司と一緒に訪ねて相談しました。すると、その占い師は「最近、支店のどこかを改修していませんか?」と聞いてきます。確かに少し前にトイレを壊してATMを設置していたので、図面を見せてそのことを言うと、「絶対それです」。

そして占い師に「どこまで行ってもかまいませんから、必ず北東の方向の金物屋で銅板を5，6枚買ってきてください」と言われ、上司と私は2人で車を運転して銅板を買いに行きました。ところが北東の方角には、行けども行けども金物屋がありません。美保関町（現在は松江市に統合）まで行ってようやく見つけ、どうにか銅板を買って帰りました。そして占い師がATMの天井の「ここと、ここと、ここに打ってください」と言うところへ銅板を打ちつけ、支店長席などほかの何カ所かにも打ちつけました。

不思議なことに、銅板を打ちつけた後は何も起こりませんでした。もちろん、単なる偶然だとは思います。ただとにかく気持ちが悪かったので、安心しました。

当時は駅前支店だけでなく、松江じゅうの支店で「古瀬が死ぬ」という噂がささやかれていたものです。でも私自身は、高校時代にすでに一度死にかけていたので、二度はないだろうと思っていました。

銅板は、駅前支店に行けば今でもあるはずです。

現在の松江駅前支店

福島造船の思い出

広島銀行の新設店舗対策と歩積・両建預金チェックのマネーフロー表作りという「特命」を終え、私は貸付係の一員となりました。幸い、北堀支店で鍛えられたおかげで、一通りの知識はありましたが、駅前支店は大きな取引先が多く、1人が20〜30社を担当していました。

貸付主任の岩田さんは頭のきれる優秀な方でした。「机の上で話を聞いているだけじゃ駄目だ」「融資先の工場や倉庫を自分の目で確かめることが大事だ」と教えていただきました。

貸付係でのいちばん大きな出来事は福島造船鉄工所という取引先に関することです。福島造船はソ連（当時）から船の建造を受注し、輸出していました。船を発注してくるのはソ連船舶輸入公団で、国営のソ連外国貿易銀行がLCを発行し、福島造船は浚渫船の一種の「グラブドレッジャー」という船を輸出していました。

そのファイナンスは山陰合同銀行が通常の国内融資で円でつないでいました。1隻で3億円とか5億円程度の資金需要でしたので、不動産担保の範囲内でつなぎ融資ができたのです。

ところが、あるとき福島造船はソ連船舶輸入公団から、アンカーボートという双胴船の建造を3年間で7隻、まとめて受注しました。これは20億円を超える金額でしたので、いくらなんでも担保不足です。ソ連の公団からの支払いは最後にまとめて行われますから、7隻全てを引き渡しした後でないとお金は入ってきません。しかし20億円以上ものつなぎ融資は合銀単独では手に負えません。そこで福島造船に「日本輸出入銀行（現・国際協力銀行）と協調融資でやりましょう」と提案し、半分は当行が支払承諾をした日本輸出入銀行の代理貸で、残り半分は当行の直接融資でという2本建てで融資することにしました。

保全は全額、当行でしなければならないわけですが、担保が不足していました。当然、審査は通りません。そこで、ソ連船舶輸入公団に輸出手形を出してもらえないかと福島造船から打診してもらったのですが、社会主義国ですから輸出手形など発行したことがない、LGならば出してもいいという返事でした。しかし、当時はソ連のLGなどまったく当てになりません。日本輸出入銀行の意向もあり、「何とか手形を切ってくれ」と何度も交渉してもらいました。

そうしたところ先方もようやく折れ、手形を切ってくれることになりました。ところが今度は「手形なんて見たこともない」と言うわけです。仕方がないので輸入公団に、合銀の割賦手形に判を押させて回収し、それを担保に取って融資しました。私にとっては未知の世界の、巨額の融資でしたが、全額回収できたのは幸いでした。

私が駅前支店から転勤した後、福島造船には同じような話がありました。今度は海洋調査船を20億円で受注したのです。しかし、詳しいことはわからないのですが、これは焦げ付きました。その結果、福島造船も資金繰りに窮しましたが、地元で唯一の造船会社ですから倒産はさせられません。私はそのとき審査部にいました。福島造船の社長が自宅まで相談に来られたので一緒に考え、いろいろな工夫をして担保を組み直し、何とか危機を脱しました。しかし結局、ソ連からは資金を回収できず、経営の軸足を不動産業に移しましたが、バブルのおかげもあり大変な利益を確保し、銀行からの借入もあっという間に返済しました。

借金がなくなった福島造船は再び造船業に力を入れ、今は屋根付きドックを造り国内向けの造船を営んでいます。いまだに無借金経営です。

「知恵とやる気と浪花節」の大原支店長

ここで私が尊敬している、松江駅前支店でお世話になった大原支店長のことをお話ししておきましょう。

新しくオープンする広島銀行の支店には取引先を一先も渡すなというミッションを与えられたとき、大原支店長には「とにかく歯を食いしばって、行けるところまで行け。このくらいでいいだろうという妥協は許さない。できないと思ったら負けだ。現場とはそういうものだ」と言われました。北堀支店で足立さんに教わったのが実務のあり方なら、大原支店長には現場の厳しさを教えていただきました。

大原支店長はしばしば「魚眼・虫眼・鳥眼」と口にされました。「歩きながら魚眼のような広角レンズでまわりを見ろ」「現場を歩いて自分で確かめて、いちばん近いところで虫眼のようなマイクロレンズで見ろ」「常に大局観を持ち、全体を鳥眼で俯瞰しろ」、この三つの視点を持ち続けろということです。私は銀行で多くの先輩にたくさんのことを教わりましたが、強烈に心に残っているのは大原支店長のこの言葉です。

大原支店長は「体で覚えろ」と徒弟制度のような教え方をしました。役員の中でただ一人、65歳の定年まで専務を務められました。地銀協（全国地方銀行協会）でも大原さんを講師に招いて研修をするなど有名人でした。

大原支店長のマネジメントはある意味で軍隊的で独特ですから、嫌っている人もい

筆者の取締役就任祝でスピーチされる大原専務

たかもしれません。しかし、人には見せませんでしたが親分肌で情に厚い人でした。自分の部下のことをとことんかばっている場面を何度も見かけました。冷たい人と思われがちですが、むしろ逆にホットな人なのです。

普段は何かを報告しても、横を向いて貧乏揺すりをしているだけで取り付く島もありません。おそらく、そうしないと情に流されてしまうということをご自身でわかっていて、一生懸命演出されていたのではないでしょうか。

大原支店長はいつも「知恵とやる気と浪花節だ」と言っていました。

「義理と人情と浪花節」ではなく、「知恵とやる気と浪花節」。「とにかく知恵を出せ。何が何でもやれ。あとは浪花節だよ」というのが口癖でした。

よく飲みにも連れて行ってもらいました。米了にお住まいでしたが、駅前支店長ですから飲み会は当然、松江です。飲み会が終わると「おい、米子に来い」と言われてタクシーで米子の大原さんの馴染みのクラブに連れて行かれました。そこでは大原さんの米子の仲間がよく飲んでいました。大原組とでもいうのでしょうか。いつの間にか私も米子に行くと大原組の方々と飲むという癖がついてしまいました。

コラム　古瀬ノート

私は北堀支店の頃から、疑問に思ったこと、不思議に思ったことをノートに書き留めるようにしていました。日記とは違って毎日書くわけではありません。気がついたときにぱぱっと書くので、内容も種々雑多です。自分の感覚では半分くらいは大して意味もないことです。「こう改善すべきではないか」といった問題提起よりも、「自分ではこう思った」という備忘録的な内容が多く、「どうしてうちの支店長はいつもこうなのか」といった不満や愚痴もたくさん書かれています。また少し経験を積むと「そういうことだったのか」といったこともありますから、それは線を引いて消していきます。

一方で、そのときの疑問が後々、活きてくることもたくさんあります。たとえば事務手続きで「こうすればいいのに」といったことや、本部組織について思ったことなどです。「なぜ本部のいろいろな部署が同じような内容の報告を求めてくるのか」という疑問は、後に自分が本部に行ったときに直しました。

ノートに書かれている中で大きなテーマといえば、ガバナンスについての疑問でしょう。「退職金をいくらもらっているのかわからない」とか、定年間際の53歳くらいになって役員になる山陰合同銀行の慣例に対して「どうして53歳なのか」といったことも書いてあります。後者の問題に関しては、私は優秀な人を50歳で役員に登用するなどの改革をしました。

第3章

組合～審査部、島大前支店長時代

中執として組合の酷さを痛感

松江駅前支店で福島造船の案件に奮闘していた頃、「従業員組合の役員をやってくれ」と言われました。私はおやじが島根県経営者協会の副会長をやっていましたし、組合が嫌いでしたから一旦は断りましたが、書記長の井上さんが朝に夜に毎日のように「古瀬君、中執（中央執行委員）になってくれ。頼む」と熱心に説得にやってきます。ついに根負けしてしまい、「じゃあ、1年間だけですよ」と言って引き受けました。

当時は団体交渉が盛んな時代で、普通に支店の仕事をこなしながら組合の中央執行委員をするのは大変でした。組合に泊まり込むこともしばしばで、1年の3分の1くらいは職場に出ていなかったと思います。

中央執行委員として団交に臨んでみると、「組合は何というところだ」と思うことばかりでした。経営側に対する要求がまったく実状に即していないのです。

当時の山陰合同銀行の給与体系は、資格制度をベースにしていました。書記補、書記1級、2級、3級、主事補、副主事…といった資格に応じて賃金が決められる方式です。これに対して、組合は年齢グループ別に、18歳から22歳までのベアはいくらといった要求をしていました。ところが、銀行側は資格ごとに手当をいくらアップさせるという回答をしてきます。たとえば、40歳前後になると資格が書記のままの人もいれば副主事もいて、現実に給料にかなり差がついているにもかかわらず、組合は「資格に関係なく40歳の行員についてはこれだけのアップを要求する」とやるわけです。これでは話がまったくかみ合わず交渉になりません。

そこで私は団交で「資格の階段を前提に、それぞれの資格のなかに小さな年功の階段を付けてください」という提案をしました。つまり、主事補に上がれなくとも書記3級を4年やったら5千円の在職手当を出してほしいということです。

ところが委員長からは「おまえ、5千円って、何を言っているんだ。3万円で要求している以上、3万円だ」と怒られました。私はそれはおかしいと思いました。口では組合員の福利のためと言いながら、オール・オア・ナッシングの要求しかしておらず、資格が上がらない組合員は取り残されてしまうからです。

私は委員長に「なぜそんな要求をするのですか。いちばん救わなければならない組合員たちを救えないじゃないですか」と意見しました。すると委員長は「組合は筋を通さなければならない。資格制度など組合として正式には認めていない。総括していない」と言うのです。私は「総括すればいいじゃないですか。そんな要求をしていたら本当の組合活動になりませんよ」となおも食い下がりましたが、いくら言っても駄

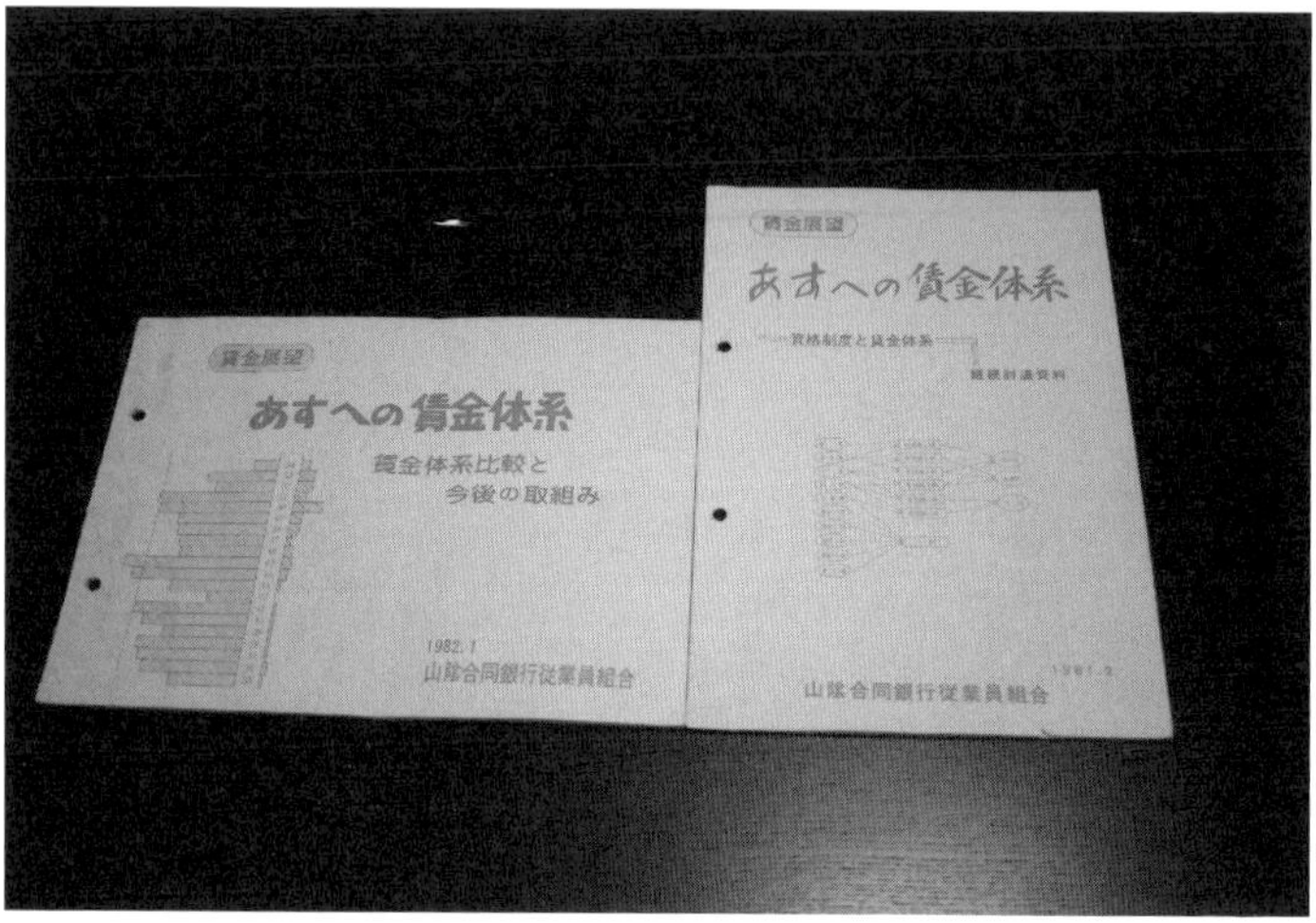

資格制度の問題点を整理

目でした。

そこで私は、資格制度の問題点を整理して30ページくらいの冊子を作りました。タイトルは『あすへの賃金体系』とし、「今の人事制度はこういうものです。それに対して組合の要求はこうです。どう交渉してもかみ合いません。実りのある交渉をするためには、資格制度を認めることが必要です」といった内容をまとめました。委員長の了承も取り付け、組合員に配り、オルグに出ました。そして組合員と勉強会をしたあと、「いままでのような年齢グループ別要求でいいのか」「資格ごとに要求すべきではないか」というアンケートを採りました。ところがその年は組合員の7割くらいが反対で、「従来通り年齢グループ別要求でいくべきだ」との回答でした。ショックでしたが、私は変化を望まない人たちに、新しい考え方を説明し納得させることの難しさと、自分の力不足を痛感しました。

『あすへの賃金体系』の話には続きがあります。後述するように私は組合2年目は西部地方銀行従業員組合協議会（西部地銀協）の事務局長に専従となりましたが、その際に『あすへの賃金体系』第二弾の製作を新しく委員長になっていた羽根さんに頼みました。今度は、たとえば書記1級の40歳と主事補の40歳の比較といったように、資格別・年齢別の賃金の実態をグラフ化し、「これだけ格差がありますよ」ということをひと目でわかるようにしました。それを組合員に配り、またアンケートを採りました。

すると、今度は7割くらいの人が「資格手当で要求すべきだ」と回答したのです。その結果、翌年から組合から経営への要求は資格手当をベースとすることになりました。十年以上も続いてきたかみ合わない議論に、ようやく終止符が打たれたわけで、画期的なことでした。

「満額回答なのにスト」に猛反発

『あすへの賃金体系』をまとめた年には臨給（臨時給与、ボーナス）交渉の際、ストをするしないで大揉めになりました。

当時の地銀のボーナスは基本給の320％に資格手当分をプラスするという水準が一般的でした。それに対して、合銀の組合は「320％を325％にしろ」という要求を出したのです。5％もボーナスの枠を拡大（枠拡）できる地銀などどこにもありません。ところが意外なことに、経営側がこの無茶な枠拡要求を受け入れたのです。ただ、実際には「325％」は満額ではなく、資格手当の部分で調整するという内容でした。「枠拡」には違いありませんでしたが、この回答を中央闘争委員会で評価することになり、中執も含めて25人ほどが集まりました。そこで、委員長と私が大議論になったのです。

委員長は「満額回答ではないからストをやる。スト権を集約する」と言います。私は副委員長でしたが、「何を言ってるんですか。団交では『枠拡』しか要求しなかったじゃないですか。枠拡の回答が出たのにそれでも満足せずにストをやるなんて、冗談じゃありません」と反論しました。しかし委員長は「いや、満額じゃなければ駄目だ。それなら一人ひとり意見を聞いてみよう」と言い、私と反対側にいる人から指名して意見を言わせました。すると、みな委員長の顔色をうかがい、「ストをやるしかないな」と言います。

最後に私と同じく副委員長だった井上さんの番になりました。まず私が「絶対に駄目だ。あなた方は何を考えているんだ」とぶちまけました。でもみんな委員長に遠慮して黙っています。すると、井上さんが「私もおかしいと思う。もう一度、みんなの意見を聞きたい」と言ってくれました。彼は筆頭副委員長でしたから、委員長も無下にはできません。仕方なさそうに「それならもう1回だ」と言って、もうひと回り意見を聞くことになりました。すると、3分の1くらいの人は、「たしかにおかしい」と言い出したのです。しかし、それでも残りの3分の2の人たちは依然として「ストをやるべきだ」という意見です。

議論が平行線のまま、だんだん夜も明けていきます。やがてみんな疲れてしまって「もういいじゃないか」「委員長がやりたいなら、やらせてやればいいじゃないか」というような意見まで出始めました。

しかし私と井上さんは「断じてストは駄目だ」と言い続けました。すると最後に委員長が「わかった、ストはしないからスト権の集約だけさせてくれ」と言ったのです。

私らは余計頭にきてしまい、「馬鹿なことを言わないでください。行使しないなら何のためにスト権を集約するんですか。まわりを騒がせるだけじゃないですか」と訴えました。こうなるともう収拾がつきません。しびれを切らした書記長が「いいかげんに妥協してくれ。みんな眠い」と言って最終的にスト権を集約しました。

組合のこの対応には当時、人事労務を担当されていた田辺康朋専務も「君たちはいったい、何が望みなんだ」と怒りました。経営側としては相当、組合に配慮して枠拡要求に応じたのに、組合がスト権を集約したのですから当然です。私は田辺専務がおっしゃるとおりだと思いました。そして、従業員の福利よりも「筋を通す」といったバカバカしい理屈で凝り固まった組合の体質を変えなければいけないとの思いを強くしました。

組合の体質を変えるための手始めとして、前年と同じ話題を日付だけ変えて採り上げていた組合の広報誌をリニューアルしました。「文章は多少下手でもいいから、自分で考えて書け。去年の記事を写しても組合員の心にはまったく響かない。自分はこう思うということを、広報として責任を持って書け」と指示しました。人のまねをしていては駄目だという私の考えは、あの頃から一貫しています。

コラム

西部地銀協事務局長としての1年

話が前後しますが、私が組合の仕事をして2年目は山陰合同銀行の組合から西部地方銀行従業員組合協議会（西部地銀協）の事務局長を出す順番になっており、私がそのポストに就きました。中執を1年やった程度の私はほとんど組合の経験がないも同然ですし、組合は1年という約束でしたので、委員長から打診されたときは断りましたが、「組合はだいたいそういうものだ」と言って押し切られてしまいました。

昭和40年代半ば頃までの地銀の従業員組合は、みな地方銀行従業員組合連合会（地銀連）に加盟し、お客さまをほったらかして平気でストライキをしたりしていました。「一斉ランチ」などと言って、店舗に誰もいなくなってしまうこともありました。

そのようななか、京都銀行、伊予銀行、南都銀行、紀陽銀行、山陰合同銀行の5行の組合が「新しい上部団体をつくり、結束して今の上部団体から脱退しよう」との密約を結んだのです。目指したのはストライキを行わず、従業員の福利だけを考え冷静に経営側と議論をする組合でした。

合銀従業員組合は地銀連から脱退し、西部地銀協に加盟しました。その後、西部地銀協は同じように地銀連を脱退した地銀の従業員組合の受け皿となりましたが、「西部」という名称だったため、岐阜県の大垣共立銀行を東端とすることとし、私が事務局長のときには15行が加盟するまでになっていました。また、当時、地銀の従業員組合の上部団体は地銀連の他には西部地銀協しかなかったので、常陽銀行・足利銀行・群馬銀行・八十二銀行の北関東四行会や、東邦銀行・秋田銀行・山形銀行の東北三行会、九州十行会などの幹部もオブザーバーで来るなどしており、西部地銀協は地銀界において春闘や労働環境改善で主導的役割を果たしていました。

事務局長は、ほぼすべての権限を握ります。財政を担当し、春闘の方

西部地銀協総会であいさつする筆者

針など委員長会議のシナリオもつくります。西部地銀協の事務局長は専従でしたので松江駅前支店をいったん休職しました。その間の給料は西部地銀協の組合費からもらっていました。

事務局長としての1年はあっという間でした。ここでの経験が何かに役立ったかどうかはわかりません。ただ、「違う釜の飯を食った」経験は貴重でした。

審査部でも特命担当に

組合の執行部時代に交渉した相手は吉田雄三頭取と深野和夫副頭取でした。深野副頭取とは初対面でしたが、非常にシャープな人で、頭の回転が尋常ではない速さでした。このときのやりとりで深野さんは「こいつ、使ってみようかな」と思ってくれたのかもしれません。

西部地銀協の事務局長の仕事を終え、私はいったん、駅前支店に復帰しました。組合の役員交代は8月の定期異動が終わったタイミングでしたので、とりあえず駅前支店に戻されたのです。そしてその1年後に、審査部に異動になりました。この人事には深野さんの意向があったように思います。

審査部での上司は河田明人常務取締役審査部長でした。河田さんはすでに亡くなれましたが、北堀支店の足立さん、駅前支店の大原支店長と並んで、私が影響を受けた人です。

私と一緒に審査部に異動してきた本池さんと河田常務のところに挨拶にいくと、「私の前に君たち2人の席を作ってある。所属がないと君たちも困るだろうから、とりあえず審査グループということにしておくが審査をやってもらうわけではない。基本的に私が直接、指示を出す。ルーティンはない」と言われました。当時の審査部は、管理課、融資企画課、審査課、制度融資課に分かれていましたが、私たちはいずれの課にも所属せず、またしても特命担当ということでした。

そして河田常務はこう続けました。「君たちには、それぞれの課が何をしているかをよく勉強してもらいたい。というのも、審査部を見ているとセンターとレフトとショートの間に落ちるポテンヒットのような失策が非常に多い。これは審査部がきちんと機能していないからではないかと思う。君たちには、どこがどう機能していないのかを突き止め、ポテンヒットをなくすための処方箋を書くことを求めたい。それが君たちの任務だ」。

着任した途端にこれですからたまりません。しかし、何もしないわけにもいかないので本池さんと「ルーティンがない以上、2人で相談して二人三脚でやるわけにもいきません。お互いに知恵を出して、一つにまとめていくしかないですね」と話して動き始めました。

本池さんは稟議書を見ることにし、私は仕事の流れはどうなっているのか、それを誰がどう管理しているのかといったことを各課からヒアリングすることにしました。それぞれの課長のところに毎朝、ノートを持って行き、「何をしてるんですか」と聞きました。なかには「なんでおまえにそんなことを教えなければならないのか」というような課長もいましたが、管理課では山崎さん（後に専務）、融資企画課では北堀支店でお世話になった足立さんなどが親切に教えてくださいました。

融資先支援の枠組み創設を提案

調査を始めて1カ月経ったところで、問題点を頭の中で整理しました。最初に気づいたのは、業務を病気にたとえれば「患者が来ると医者は診察して診断し、薬を出す。

しかしその後のフォローがないため、次はいきなり坊さんが来て葬式をあげる」ような流れになっているということでした。

具体的には次のようなことです。まず営業店の担当者なり支店長がお客さまへの融資案件について、それなりのノウハウで妥当性を確認します。支店長の決裁権限を超える案件は審査部に上がってきます。そして「これは担保が不足する。担保を追加せよ」とか、「ここの確認が甘い。もう一度現場に行って本当に在庫があるか確かめてみろ」「財務諸表のこの数字は何か」といった様々な確認の指示を出し、それに営業店が対応します。ところが、そうこうしているうちに資金繰りがつかなくなり倒産してしまうお客さまも出てきます。するとそのお客さまは管理課に回されます。

つまり、この一連の流れの中には「治療」がないのです。営業店は開業医のようなもので、診察はできても専門的な検査や手術はできません。だから患者がどんどん悪くなっていき、やがて亡くなると、「お坊さんを呼んできますから、お寺へ行ってください」というようなことになっていました。そして最終的に担保不動産を処分して回収し、「この件は終わりました」というパターンがいくつもありました。

私はこれが審査部が機能していない大きな理由の一つではないかと思いました。患者の容態が悪化しても、手術もしなければ抗がん剤治療もしない。ただやり取りをしているだけで、効果的な治療をまったく行っていない。これでは、死なせなくてもよい患者を死なせてしまっていても不思議はありません。

そこで私は「中間管理」という概念をつくりました。現在の融資支援グループの業務の原点です。

中間管理とは「ちょっと変だな」と思った融資先について、実際に出向き、お客さまと一緒に「治療法」を検討するのです。お客さまを総合的な設備のある大病院に連れていくべきなのか、あるいは薬を処方すれば持ち直すのか、そういったことをお客さまと一緒になって考えます。それまではそうした中間管理ができていなかったために、河田常務の言うポテンヒットが出てしまっていたのでしょう。私は「中間管理のグループをつくり、手術室も用意すべきだ」と提案しました。

次に着手したのは融資商品の整理と管理方法の刷新です。審査部では新しい融資商品は基本的に融資企画課で開発していましたが、保証協会の保証付き融資や中小公庫の代理貸などの新商品は制度融資課が担当していました。その結果、商品構成が重複して複雑で、お客さまからも「この商品で十分なのに、なぜまた新しい商品を押し売りされなければならないのか」といった声があがっていました。そこで私は融資商品は融資企画課で一元的に管理し、制度融資課は管理業務に特化すべきではないかと考え、河田常務にレポートしました。

こうした改革案を何本もつくりました。河田常務は「よし、わかった」とすべて了承してくださり改革を進め、合銀は少しずつ変貌を遂げはじめました。

現在の地域振興部の原型も私たちが審査部時代につくりました。地域全体のことを考え調整する担当部門がなかったからです。

また、個別案件の審査には力を入れているのに産業セクター全体をウォッチする部門がないことも問題にしました。たとえば融資先に自動車部品の製造業者があるのに、自動車産業が今どうなっているのかを調査する人がいなかったのです。そこで特定法人担当という新しいラインをつくり、合銀の取引先企業ベストテンが属する業界をウォッチする産業調査と融資審査を合体させたような役割を担わせました。私が初代の推進役（課長）になり、部下には青山君（後に専務）、森脇君といった精鋭を集めました。

地元信販会社どうしの合併を企図

審査部特定法人担当の推進役として、一畑グループ、山陰信販といった大口取引先を担当しました。特に山陰信販に対する与信は非常に大きくなっていたので、信販業とはいったい何をするのかというところから始めて、山陰信販の現状と課題、抱えている不良債権の規模に至るまで徹底的に調べ、100ページくらいの調査レポートを作成しました。過去に審査部がそこまで詳細なレポートをまとめたことはなかったので、深野頭取にも褒められました。

その調査の結果、山陰信販は他人資本が多すぎ、資金調達につまずく可能性が高いので、単独で生き残っていくことは難しく、何も手を打たずに放っておくと大変なことになるという結論に達しました。そこで私はその解決策として、「山陰には二つも信販会社があり、いずれも当行がメインバンクである。二つを合併させ、さらに日本信販に合体させるのがよい」というシナリオを常務会で提案しました。すると人を褒めることがあまりなかった深野頭取が「よく考えられたシナリオだ。すぐに実行しろ」とおっしゃり、山陰信販としまね信販を合併させることにしました。

両社の合併後、私は合併を主導した責任があるので新会社に出向しようと考えていました。上司の河田常務からも「これから新しい信販会社の大事な草創期が始まる。自分が社長で行くから、君も一緒に来てほしい。2年ほど一緒にやってもらったら必ずまた元に戻す」と言われていました。しかし、その考えは深野頭取に聞き入れてもらえませんでした。

私たち課長クラスが頭取・専務・常務と議論をする「朝会」というミーティングの席で「合併した信販会社の新しい社長は当行から出さなければなりません。河田部長が行くと言っておられますから、自分はその下について、2年間でレールを敷いて帰ります」と言ったところ、深野頭取に「誰がそんなことを決めるんだ！」と怒鳴られました。「それを考えるのは俺の仕事だ。君たちが考えることじゃない。この合併については、君たちはここまででけっこうだ」。結局、新会社の社長には鳥取駐在だった小山専務が就かれました。

その後、新会社を日本信販と合併させるという計画は実現できませんでしたが、バブル崩壊を経ても山陰信販は何とか生き残りました。あのときの2社合併があったからこそだと自負しています。現在は、立ち上がったばかりの審査部特定法人担当で部下だった青山君が社長をしてくれています。

地元新聞社を再建

審査部特定法人担当の課長時代には地元の新聞社である山陰中央新報社に関する大きな仕事もしました。

あるとき、専務になられていた河田さんに呼ばれ、「山陰中央新報を調べてくれ」と言われました。私は早速、山陰中央新報社に出向き、当時の又賀清一社長に「調査に入らせてください」と申し入れをしました。ところが又賀社長からは「どうしてそんな調査をする必要があるのか。ふざけるな」と怒られ、帰ってきました。仕方なく河田専務には「又賀社長が調査はだめだと言っておられますので、これ以上はどうしようもありません」と報告し、深野頭取も「何かきっかけがあるのを待とう」ということでしたが、スッキリしない日々が過ぎていきました。

そうしたところ、12月に入り案の定、山陰中央新報社は資金ショートしました。従業員にボーナスを払えなくなったのです。

取引店の北支店の太田支店長が「山陰中央新報の賞与資金の融資を何とか承認してくれ」と審査部に駆け込んできました。しかし私は「ノー」と言いました。頭取が言っていたように、調査に入るきっかけを待っていたからです。「承認はできませんので断ってください。調査にも入れない先にこれ以上、金を貸すことはできません」と太田支店長からの要請を突っぱねました。

すると今度は、山陰中央新報の木幡副社長が銀行に来られました。木幡さんは重要文化財「八雲本陣（木幡家住宅）」の家主という名士でした。木幡さんは開口一番、「何とか融資をしてもらえないか」と言われます。それでも私は「副社長が立派な方であることは存じていますが、調査を受け入れてもらえないかぎりは、わけのわからない金はお貸しできません。もし本当に貸してほしいとおっしゃるなら、社長と副社長が個人の資産を担保に出してください」と答えました。

木幡さんは「銀行にそんなことを言われたことはない」とびっくりされました。でも私は事前に頭取に「ここは調査を実施するために突っぱねさせてください」とお願いし、「好きなようにやれ」と言われていたので、一歩も引き下がらないぞと腹をくくり、「こちらはそのくらいの覚悟なのです。これはボーナスのお金で、従業員の方々も困られることはわかっています。でもお客さまの預金を融資するわけですから、納得できないと貸せません」と言いました。

木幡さんは本当に立派な方で「文化財でも担保に出せるのか」と言われました。私が「構いません」と答えると、「ならば自分は出す」とおっしゃいました。そこで私は「木幡さん、申し訳ありません。従業員のためだと思って勘弁してください」と言ったら、木幡さんは「自分のことはいいから金を出してくれ」と言われました。それで1億円を融資したのです。

さて、こうなったら残るは調査です。調査しなければ資金ショートどころかもっと深刻な事態に見舞われるかもしれませんから、なんとしてでも入らなければなりません。しかし、相手は新聞社ですから事前に外堀を埋めておいたほうが無難です。そこで私はかねて親しくさせていただいていた竹下登先生に、ひそかに相談しました。

「実は先生の地元・島根の新聞社が大変なことになっています。ついては調査に入りたいのですが、政治力がいる話で、私たちだけではどうにもなりません」

すると竹下先生はこうおっしゃいました。

「そうか、わかった。そういうことなら遠慮せずにやれ。秘書の青木（伊

平）に言って任せる。妥協する必要などない。思いきりやれ」

そこで当時、竹下先生の筆頭秘書を務めておられた青木さんを訪ねて相談したところ、青木さんに「それは大変だ。新聞社に何かあったらえらいことだ。私が又賀社長と山根総務局長を東京に呼び出すから君もこっちにきてくれ」と言われました。

こうして、キャピトル東急ホテルに関係者が集まりました。会議が始まるとすぐ、青木さんが又賀社長を怒鳴り上げました。「あんたたちは何をやっているんだ！」。青木さんに怒鳴られるということは、すなわち竹下先生に怒鳴られるのと同じことですから、さすがの又賀社長も震え上がり、すぐに「わかりました、調査を受け入れます」と妥協してくれました。

その集まりの散会後、青木さんは私に言いました。「調査に入るなら、又賀の顔も立ててやってくれ。君らがずかずか乗り込んでいくと彼らのメンツもないだろう。中央会計事務所の奥田という会計士と一緒にやってくれ」。奥田さんは竹下先生が可愛がっていた慶応出身の先生で、後に日本公認会計士協会の会長になられました。こちらに異論があるはずもありません。時間がなかったので調査自体はわれわれが行い、奥田先生にはその検証をお願いすることにしました。そして年明けから青山君たちと一緒に新聞社に詰め、1カ月ほどかけて帳簿をひっくり返しました。

調査の結果、19億6千万円もの粉飾決算が明るみになりました。完全に倒産状態です。売上として計上していた出版物が廊下に山積みになっており、それらは全部、未収金、つまり不良債権でした。

また、売掛金を逐一、チェックしたところ、たとえば「お客さまとのハワイゴルフツアー」の売掛金として「島根トヨタ自動車　250万円」などと書かれています。私は島根トヨタの社長と親しかったので、その場で電話をして「社長、ちゃんと払わないとダメだよ」と言ったら、先方は「何の話だ？」と返してきます。私が「新聞社でハワイに行ったときの費用ですよ」と言うと、「あれはうちが広告を出稿しているからその接待ということだったはずだぞ。君は何を勘違いしているんだ」と言うのです。つまり、そういうものも全部、売掛金として計上していたわけです。それはもう、ひどい粉飾でした。

そうした粉飾は当時の専務が主導したもので、又賀社長は何も知らないこともわかりました。社長が強気だったのはそのせいです。その専務も自分の懐に入れていたわけではありませんが、出版などの事業を拡大した挙げ句に失敗し、どうにもならずに粉飾決算に及んだのです。河田専務が自分で稟議を見ながら「どうも変だ。こんなに金がなくなるはずない」と気づき、調査を命じたのは正鵠を得ていたわけです。

私たちは調査結果を100ページくらいの報告書にまとめました。報告書には人員整理がどのくらい必要かといったことも含め、具体的な経営再建策も盛り込みました。奥田先生もすべて了承してくださり、中央会計事務所の判を押してくださいました。

その後、山陰中央新報社は新しい経営体制で報告書に書かれた再建策を実行していきました。あのとき、竹下先生の秘書の青木さんに呼びつけられた総務局長の山根さんがしっかりされていたこともあり、見事に立ち直り、今はもちろん、黒字経営です。

島大前支店長として街づくりに奔走

審査部での在籍が5年近くなり、「君もそろそろ支店長に出なければいかんな」と言われるようになりました。しかし私は支店長代理の経験すらなく、しかもいつの間にか銀行業務がオンラインになっていたので、現場の実務は何もわからなくなっていました。ところが、いきなり「島大前支店の支店長で出ろ」という辞令が出て、昭和63年2月に着任しました。

島大前支店の周辺は当時、まだ開発が手つかずで、取引先といえば島根大学と山陰中央テレビくらいしかない、17人程度の小ぢんまりとした支店でした。

島大前支店時代の仲間たち（前列左から2人目が著者）

もっとも支店自体は以前からあったので、まわりの農家とはつながりがありました。再開発を控え、農家にはいろいろな店舗や企業が「農地を貸してくれ」と言ってきていました。農家の方々からは「どう対応すればいいでしょうか」という相談が次々に持ち込まれました。

1反の土地に150坪くらいのロードサイド型の店舗を建て、それらを中心にどうやって新しい街を造っていけばいいのか。農家の人は大きな借金などしたことがないので、事実上、借金なしで建物を建てるにはどうすればいいか。私はまず、入居を希望するテナント企業に店舗建設資金として「建設

現在の学園通り

協力金」を一括して払っていただき、契約期間（概ね20年間）内に家賃と相殺する仕組みを考えつき、農地のオーナーに提案しました。この方法だと、建物の建設費はテナントが出すことになり、土地の地代が農家の収入になります。それだけでも米の利益に比べれば何十倍です。建設協力金を払ってもらうことになるので、テナントは信用のあるところにしか貸しませんでした。

新しい通り沿いにはガソリンスタンドとマンションは建設させないことにしました。その二つが建つと商店街が途切れてしまうからです。また商店街の振興組合をつくり、大型の店舗にも入ってもらうようにしました。そこまで私が強気でいられたのは、地主の農家のみなさんが当行を信頼されていたからです。支店長に着任した当時は何もなかった島大前支店の周辺は今、学園通りというユニークな街になっています。

この開発によって島大前支店の預金、貸出金は倍々ゲームで増えていきました。支店長着任時は預金が70億円、貸出金が30億円でしたが、最後はいずれも200億円を超えていたのではないでしょうか。おかげで3年連続で優績店表彰をいただきました。

コラム **塀の上を歩いても娑婆に落ちる**

私はお酒もかなり飲みますし、女性も好きです。若いときは平気で1時、2時まで飲んだものです。もちろん酒でも女性でも間違いを起こしたことはありませんが、考えてみると刑務所の塀の上を歩いているような人生でした。ただし、塀の上から落ちるときは必ず「娑婆」の方に落ちるのが私です。

飲み屋のお姉さんともよくデートをしました。どこかのスナックで眠いのを我慢して店が引けるのを待ち「寿司を食いに行こう」などと誘いました。そういうことをみんながやっていた時代でしたが、特に私は多かったと思います。

ただ、こういうことがありました。年に2回開かれる支店長会議のあとの、懇親会の席での話です。懇親会は立食で、当時は300人くらいいた支店長が10〜15人ずつ、一つのテーブルを囲みます。そこに頭取が回ってきて、いつもは厳しいのに、このときばかりは「君たちのおかげだ。頑張ってくれよ」などと言って酒を注いで回ります。

あれは私が島大前支店長のときでした。深野頭取が私のところでぴたっと止まって「君、銀行では『これ』だけはいかんよ」と言って小指を立てたのです。頭取なりに情報を集めていて、「古瀬は危ない」と思っていたのでしょう。他の支店長がたくさんいる前で、本当に大きい声で言われました。そして私が「わかってますよ。ちゃんとお金で解決していますから」と答えると、「ほら見ろ、やってるじゃないか、おまえ」。

まわりの支店長からは「おまえ、何をやったんだ?」としきりに聞かれました。私は「何もしてませんよ。大丈夫ですよ」と言いながら、その日の夜も飲み屋のお姉さんとデートしましたから世話はありません。

私にしてみれば気分転換、憂さ晴らしで飲み屋のお姉さんとデートをしただけなので何も隠すことはありませんでした。でも深野頭取は本気で心配してくださったのだと思います。頭取を退き相談役になられてからも「君、最近は間違いなくやっているだろうね」と私に聞いてくるくらいでした。深野頭取は本当に堅物で、女性の手を握ったこともないのではないかと思えるほどでしたから、女性と楽しく遊んでいる私を見て「古瀬は大丈夫か」と思われたのもやむを得なかったのかもしれません。一方の私は、「誠実に」遊び、女性をだましたことは一度もありません。若い人にも、「おまえたちにも煩悩もあるだろうから、好きなことをしろ。ただし相手を傷つけたり、迷惑をかけたりするのは絶対にだめだ。『少しくらいならかまわないだろう』と思ったら、もう遊ぶ資格はないぞ」と言ってきました。

塀の上を歩いていても必ず「娑婆」に落ちるというのはそういうことです。

第4章

合併事務局、人事部時代

「ふそう銀行を極秘に調査せよ」

島大前支店がようやく軌道に乗り手応えを感じ始めていた頃です。深野頭取から「帰りに自宅に寄ってくれないか」という電話がありました。言われた通りに当時の頭取社宅に立ち寄ったところ、奥さんがいらっしゃって、そばを食べていけと言われます。どうも様子が変だなと思いながらそばを食べていたら、頭取が「実はこういう話がある」と切り出しました。それがふそう銀行との合併話でした。

「(大蔵省の)銀行局長の土田正顕さんから『鳥取に本店がある、ふそう銀行と合併をしてくれないか。住友系の銀行だ』という話があった。ふそう銀行は山陰よりも岡山、兵庫、広島などに店を出しているから、直感的にはうちの補完になる可能性があると思う。しかし、どういう銀行なのか、中身がさっぱりわからない。だから『一応、検討してみます』とだけ返事をしてある。この話を知っているのは私以外は副頭取と専務の2人だけだ。君も絶対に他言しないでくれ。そして、ふそう銀行を調べてほしい。調べるにあたっては、先方の本店に行くのはまずい。それでは話がばれてしまう。どうしても聞きたいことがあったら、柏瀬社長に君の名前を言っておくから、電話で直接、聞いてくれ。また、住友銀行におけるこの件の最高責任者は西川善文常務取締役企画部長だ」

「西川さんの下に太田さんという人がいるから、住友側とは太田さんと話してくれ。まずは、ふそう銀行が抱える不良債権や職員の数・質、店舗の配置や立地を極秘で調べてくれ」

深野頭取に言われて「わかりました」と答えましたが、私は当時、島大前支店長です。「転勤はなしですか」と聞いたら、「変に異動させるとわかってしまうから、今の立場でやってくれ」との答えでした。これにはさすがに「まいったな」と思いました。

調査を始めると、案の定、頻繁に出かけなければなりませんでした。柏瀬社長に聞くにしても、本当に聞きたいことは会って確かめる必要がありましたし、地元では会えないので大阪のホテルなどまで出向くことがしばしばありました。下調べとはいっても無責任な調査はできませんから、ずいぶん苦労しました。

しかし、ある程度のことを調べ終わると、支店長を務めながら調査もするのはもう限界でした。そこで、私は「もう無理です。あまり支店を留守にすると部下も『何をしているんですか』と言ってきます。そうなると支店のマネジメントもできなくなります」「きちんと調べたいので、どこでもいいですからルーティンのない部署に異動させていただけませんか」と頭取に直訴しました。

深野頭取(中央)との出会いがバンカー人生を左右(右から2人目が著者)

頭取は「わかった」と言い、下った辞令が総合企画部への異動でした。平成2年のことです。ところが、これは表面上、左遷でした。現場の支店長から総合企画部の調査役への異動は、当時はあり得ない人事だったのです。私はもっと他に、たとえば総務部などといった選択肢はなかったのかと思いましたが、辞令が出た以上は仕方がありません。

総合企画部への急な異動が決まり、送別会を水明荘という旅館で、開いてもらいました。私は東京支店に行った1年を除いてずっと松江でしたので200人くらいが来てくれました。ただ、誰が見てもその異動は左遷でしたので、人数はとても多かったのにしーんとした送別会でした。現場の支店長になって2年ちょっとで本部の調査役に異動ですから、「何か変なことをしたのだろう」とみんな思っていたようです。私は「お世話になりました」と挨拶しましたが、みんなは葬式に出ているような顔をしていました。

宴会の最中に吉岡さんという県から松江市に助役として出向されてきていた方が私の隣の席に来て、「合銀は1回失敗すると、もう駄目かね」と聞かれました。私は仕方がないので「うん、たぶん。ちょっとやりすぎましたからね」と調子を合わせました。「左遷とは違うのか?」と勘繰られて、真相に気づかれることだけは絶対に避けなければならなかったからです。ところが、そんな返事をしたものですから松江のあちこちで噂になってしまい、「古瀬は何かやったみたいだぞ」と囁かれるはめになりました。

家でも銀行でも挙動不審者扱い

総合企画部では調査役という肩書でしたが、待遇は課長扱いでした。さすがに降格にはできませんし、給料を落とすわけにもいきません。かといってラインの課長にしてしまうとルーティン業務が発生します。そこで調査役ということになったのでしょうが、まずかったのは私の席がちゃんと用意されていたことです。なまじ机があるものですから、私が左遷されたと思っているみんなが、代わる代わる腫れ物に触る感じで「どうしたんだ」と言って様子を見に来るのです。恩人の一人である審査部の足立さんもしょっちゅう来て、「おまえ、大丈夫か」と聞いてきました。私は「いや、大丈夫ですから。何とか頑張りますから」と取り繕っていましたが、とても昼間に仕事をできる状況ではありませんでした。上司の次長だった白枝さんにも「おまえ、何やってるんだ。自分のやっている仕事を俺にも言えんのか」と言って怒られました。

これはもうどうにもならないなと思い、とうとう私は深野頭取に「総合企画部の机ではもう調査ができません」と訴えました。そして、頭取室、常務室、秘書課と並んでいたフロアーの奥にあった相談役室を空けてそこに執務できるスペースを作ってもらい、夜な夜なふそう銀行の経営実態をまとめました。

そうした状況ですから帰宅するのは午前様が当たり前で、帰らない日もありました。すると今度は家内から怪しまれました。外に女性がいるのではと勘繰られたのは間違いありません。

実は、家内は頭取に「うちの主人の様子がおかしい」と、相談したような節もあります。きっと頭取に私を叱ってほしかったのでしょう。ある日、頭取に呼ばれて「君、奥さんにどう言っとるんだ」と聞かれました。私が「何も言っていません」と答えると、頭取は「ちゃんと説明しとかんと。君、奥さんが心配しているぞ」と言われます。しかしそれでは話が違うので「いや、だって頭取が『誰にも言うな』とおっしゃったじゃないですか」と返すと、「奥さんは別だろう」。

そこで私は「女性の口ほど危ないものはありません。『絶対に内緒だ』と言ってもすぐに話が広がってしまうのですから。何をおっしゃっているんですか」と言いました。すると頭取は「いや、しかし、君の家から……」と言葉を濁しました。頭取は「夫婦なんだから、ちゃんと話をしておくように」というようなことを盛んに言われましたが、私は「いや、それはできません。ばれたら駄目だとおっしゃったのは頭取ではありませんか」と頑として譲りませんでした。

こうして私は、ふそう銀行との合併が正式に発表されるまでの間、ずっと周囲をだまし続けました。

余談になりますが、当時、仕事の合間に夜の9時とか10時くらいに食事をとっていた寿司屋で、私が大変お世話になっている円部智久さんとお会いし、「おう。君、こんな時間まで何やってるんだ」と声をかけられました。私は「いやー、手が遅いので残業です」とうそを言いました。田部さんは「そうか、めげずに頑張れよ」と励ましてくれました。やがて合併が公になったとき、新聞を見た田部さんに「あのとき、だから君はあんな時間に飯を食っていたのか」と言われました。私が「そうなんです」と答えると、田部さんは「そうか、そうか。それはご苦労だったね」と、優しく労ってくれました。後に私は、田部さんの追悼録に「絶対にうそをついてはいけない先輩にうそをついた」とそのことを書きました。

難交渉だった住友銀行との合併覚書づくり

自宅でも銀行でも挙動不審者扱いされながらも何とか「これなら合併できる」という調査結果をまとめるところまでたどり着きました。深野頭取も「よし、合併しよう」と決断をされ、合併覚書の作成やスケジュールの調整、など具体的な検討に着手しました。私は住友銀行との交渉を任され、大蔵省、公正取引委員会など当局との交渉は丸副頭取が担当しました。

合併覚書づくりは大変でした。

住友銀行の西川常務は、「対等合併ということにしてほしい」ということに最後までこだわりました。住友銀行としては20人いた部長クラス以上の幹部のうち、柏瀬社長以下17人も送り込んで経営に関与してきた手前、ふそう銀行の行員に対する義理がありますす。ですから西川さんとしては、どうしても対等合併にしたかったのでしょう。

しかし、この合併はどこからどう見ても、山陰合同銀行によるふそう銀行の吸収合併です。両行の純資産額を比べると、かなり贔屓目に見ても「3対1」ぐらいでしたから、株式の交換比率も同程度でなければ折り合いがつきませんし、合銀は上場していましたから株主にも説明が付きません。存続会社名も山陰合同銀行しかあり得ません。私は「どう考えても対等は無理です」と繰り返しましたが、西川さんは「いや、そこを何とか考えてくれ」の一点張りです。

交渉は平行線でしたが時間はどんどん過ぎていきますので、とりあえず私たちのほうで山陰合同銀行がふそう銀行を吸収するとの内容の「合併覚書」を作成し交渉のテーブルに上げましたが、西川さんは相変わらず「駄目だ。これでは困る」と言います。困り果てて頭取室にこもって1時間近く、深野頭取とああでもない、こうでもないと話をしました。

すると深野頭取が突然「そうだ」と言って何かを書かれました。「山陰合同銀行とふそう銀行は、対等の精神で合併し、以下に定めるとおりに云々」という合併前文を作られたのです。ミミズが這ったような字だったので最初は読めず、「何ですか、これ」と聞きましたが、読めた瞬間、深野さんという人は本当に頭がいいなと心底から思いました。合併の条件はどうやっても変えられない状況で、覚書の前文で「対等の精神」を強調することなど私には考えも及ばないことでした。

私は「これなら絶対に大丈夫です。さっそく交渉してきます」と言い残し、西川さんのところに行きました。西川さんも二つ返事で「わかった」とおっしゃってくださいました。

後に住友銀行の頭取となられた西川さんはさくら銀行との合併を決断されましたが、そのときの「合併覚書」にも「対等の精神で合併し」と書いてありました。おそらく西川さんが盛り込ませたのでしょう。

情報漏れで合併発表を前倒し

合併覚書の内容について合意し、いよいよ発表に向けて最終的な準備をスタートさせました。島根・鳥取の両県知事、住友銀行以外の大株主だった三和銀行、富士銀行、日本生命、第一生命など、事前に説明や挨拶をしておかなければならない先をリストアップし、「ここは頭取、これは副頭取、あそこは専務」というように分担を決めました。そして、主要株主には11月19日の月曜日に伝え、翌20日火曜日に記者発表をするというスケジュールを決めました。

その直前の17日土曜日、私はその日も休日出勤をして最後の詰めの作業をしていました。当局との交渉を一生懸命やってくれた総合企画部の浜辺課長たちを除くと、実質的に合併案件の実務担当者は私一人でしたから、やらなければならないことは山のようにありました。

そうしたところ、日経新聞の前田さんという支局長が私を訪ねてきていると守衛から連絡がありました。前田さんはなぜか私の名前を知っており、守衛に「古瀬さんが今日、出ているでしょう」と聞いたらしいのです。守衛には「私が出勤していることは誰にも言わないでください」とお願いしてありましたが、前田さんは「古瀬さんが出ていることは知っていますよ」と言って何度も来るので、守衛も困ってしまい私に連絡してきたのです。私は「何度来ても会いません」と守衛から伝えてもらいました。

合併の情報が漏れていたのです。あとからわかったことですが、当時、大蔵大臣だった橋本龍太郎さんがリップサービスでしゃべってしまったようでした。日経は協和銀行と埼玉銀行合併のスクープネタを毎日新聞に出し抜かれた直後だったので、必死だったのでしょう。

17日土曜日は頭取は上京しており、富士銀行の橋本徹頭取とゴルフをする予定になっていました。ただ何かあったら困ると思い、秘書課長の沢田さんが当時の大きな携帯電話を持って同行していました。

私は日経の前田さんがしつこく何度もやってくるので「これはばれたな」と思い、沢田さんに電話して「深野頭取にすぐ帰ってもらってください。場所は用意しておきますから」とだけ伝えました。するとしばらくして「すぐ帰る」という返事がありました。

私は直ちに動きました。水明荘という旅館をやっている後輩に、山紫亭という別邸を貸してもらえるよう頼みました。「山紫亭に電話を5本ほど引いておいてくれ。今晩そこで会議をしたいので、飲み物とおにぎり程度のものを用意しておいてほしい」。それから私は常務以上の役員に片っ端から電話をして、「できるだけ早く山紫亭に来てください」と伝えました。でも週末ですし、今と違って携帯電話を持っている人はいませんでしたから、連絡がつかない役員もいました。仕方がないので来られる人から順次来てもらい、最終的には4、5人の役員に来てもらいました。

やがて頭取が戻ってこられました。私は会議の席上、「ふそう銀行との合併の話が漏れています。明日日曜日、新聞に出ます。ただ明日はふそう銀行の組合の大会がありますから最悪のタイミングです。合併覚書調印は、明日、日曜日の朝8時から行いたいと思います。ホテル一畑も手配しました。ふそう銀行の柏瀬社長には私から「組合大会には社長の代わりに副社長を残してください」と頼みます。月曜日に予定していた主要株主や知事への説明は今晩中にすべて終える必要があります。かねて相談していた分担で、仕方がないので電話していただければと思います。頭取、それでいいですよね」と提案しました。頭取も「もう仕方がない。それでいい」と了承してくださいました。

夜になり大蔵省の土田銀行局長から電話がかかってきました。銀行局の中小金融課長には逐一、電話で報告をしていましたので、心配されて電話をくださったのだと思います。私が「明日はふそう銀行の組合の大会なので（新聞に書かれるのは）最悪のタイミングです。もし組合大会で反対決議されたらどうにもなりませんので、打つべき手は打っています」と説明すると、局長は「どうも橋本大臣がね……」と匂わされました。

日経は少なくとも私からはウラをとれなかったのですが、11月18日日曜日に山陰合同銀行とふそう銀行の合併合意を記事にしました。東京の最終版だけだったのは日経

山陰合同銀、ふそう銀合併

「地銀と第二地銀」で初

4月1日に

山陰合同銀行（本店島根県松江市、深野和夫頭取）とふそう銀行（鳥取県鳥取市、柏瀬宏社長）は、来年四月一日に合併することで基本合意した。週明けにも発表する。合併比率は山陰合銀一株に対しふそう銀三株。山陰合銀が存続会社で深野氏が頭取、ふそう銀の柏瀬社長は専務になる。合併後の本店は松江市。第二地方銀行（旧相互銀行）の合併はふそう銀が初めて。新しい銀行は規模の拡大によって体質強化を進めるとともに、地域に根づいた経営を徹底させる。金融自由化で銀行経営が厳しさを増すなか、金融機関の生き残り競争が激しくなっており、今回の合併は地方金融界の再編を刺激することになろう。　（解説など3面に）

九月末の預金量は山陰合銀が地方銀行中二十九位、ふそう銀は第二地方銀行中四十九位。合併後は地銀中二十三位となる。

ふそう銀行は合併によって解散する。来年初めにも両行がそれぞれ臨時株主総会を開いて承認を得たうえ、四月一日付で正式合併する。両行は近く合併委員会を設置、具体的な準備に入る。今回の合併は、ふそう銀が山陰合銀にもちかけた。ふそう銀は預金残高こそ伸びているが、山陰合銀や鳥取銀の間にはさまれ特色が出せず、収益が伸び悩んでいた。一方、山陰合銀は、ふそう銀の山陽地区の店舗に魅力を感じ、合併に応じることにしたようだ。

ふそう銀は昭和三十三年、経営がピンチに陥った時、住友銀行の支援を受け、住友色を強めた。柏瀬社長、広田雅良副社長ともに住友銀の出身。

深野山陰合同銀行頭取

柏瀬ふそう銀行社長

山陰合同銀行　昭和十六年、島根県の松江銀行と鳥取県の米子銀行の合併で設立。二十年に山陰貯蓄銀行を買収。山陰地方では第一位の地銀で、ことし三月末で店舗数は島根、鳥取を中心に国内百三十七、預金残高は九月末で二兆二百三十八億円。

ふそう銀行　昭和七年五月、相愛無尽として発足。二十六年に相互銀行に転換し扶桑相互銀行に。平成元年四月に普通銀行に転換。山陰、山陽を中心に店舗数はことし三月末で五十六、預金残高は九月末で四千四百三十三億円。

日経の合併スクープ記事
日本経済新聞朝刊（1990年11月18日）

の配慮だったのでしょう。ただし、もちろん1面です。「「地銀と第二地銀」で初」という見出しで大きく報じました。

日経に限らず大手紙では記事の締切時間の関係で、東京の最終版の記事（特に1面トップになるようなスクープ）が地方の紙面には載っていないということがよくあります。地元紙の記者などは、東京の支局から送られてくるファックスで日経最終版の記事を確認していました。このときもそうでした。ところが、地元紙の記者は寝ていてそのファックスに気づかなかったため、結局、一行も書けませんでした。後日談になりますが、あのとき寝ていた記者は未だに悔いています。でも私としては「あんたが寝ていたんだからしょうがない。こちらから電話するわけにはいかないんだから」と言うほかはありません。

平成2年11月18日、深野頭取と柏瀬社長が合併覚書に調印し、山陰合同銀行とふそう銀行は平成3年4月1日に合併することを正式に発表しました。発表が予定よりも2日ほど早まったため、当日はてんてこ舞いの一日でした。ただ、心配したふそう銀行の組合大会は、その場に残ってくださった広田副社長がうまく説明・説得をしてくださったおかげで、大きな揉め事もなくうまく乗り切れ、ホッとしたことを覚えています。

合併事務局で「七人の侍」の責任者に

正式発表後、合併事務局が立ち上がり私が実務面での総括責任者になりました。メンバーは7人。「俺たちは七人の侍だ」と言って膨大な作業と格闘しました。

とにかく一日も早く合併効果を出すこと、それが唯一絶対の目標でした。そのために私はまず、システム統合を合併後1年以内に実現させることにしました。当時、合銀のシステムは日立だったのに対して、ふそう銀行は住友銀行系の日本総研のシステムを使っていました。設計思想からしてまったく異なる二つのシステムを統合することはとても大変でした。

同時に本部の統合も1年以内に完了させるとの方針を打ち出しました。審査部も人事部も例外なく1年経ったらすべて合体し本店に集約することにしたのです。

合併後の店舗配置や人員計画も私が策定しました。店舗については、ふそう銀行の島根・鳥取両県内の支店は例外なくすべて廃止にし、県外はこう配置するという素案を作りました。人員は合併で3400人まで膨れ上がりましたが、長期的には子会社への転籍などで2000人にまで減らしていくという計画を立てました。もちろん、実際に削減する際もふそう銀行の行員だけでなく、両行から削減しました。

人事給与制度は難しい調整が必要でした。両行で行員の給与水準に大きな差があったからです。その結果、退職金も違ってきます。そこで合併後7年間をかけて高いほうの合銀の体系に合わせていくことにする一方、退職金は合併までの分はそれまでの給与体系で計算するという制度を提案しました。

ふそう銀行の県外店舗の統廃合にも神経を使いました。支店にはそれぞれお客さまがいらっしゃるからです。合併後、結果的に、ふそう銀行の県外店舗はほとんど建て替えました。場所の移転も行いました。たとえば、兵庫駅という人通りの少ない駅前にあった神戸支店は三宮に移しました。明石支店も姫路支店も街の中心部に移転しました。

振り返ってみると、あの合併がなければ、山陰合同銀行は今でも田舎の銀行のままだったでしょう。兵庫県への進出にしても、当時は店舗の新設は実質的に大蔵省による割り当て制でしたからふそう銀行の支店がなければ、合銀が兵庫県内にどんどん出店することは不可能でした。今や兵庫県は合銀の大切な営業地盤になっていますが、これはまさに合併効果だと思います。

また山陰合同銀行にとって兵庫県は人材育成の面からも大事なエリアです。山陰の中だけでトップシェアに甘んじてぬくぬく育っても、創意工夫など生まれません。競争が激しく、山陰のように「合銀」の看板が通用しない兵庫県で「さすが山陰合同銀行」と言ってもらうために人間性を磨き提案力を高める訓練を積む。そうした経験で育った人材は代え難い財産です。実際、現在は兵庫県で成果を上げることができるかどうかが、幹部になっていくための登竜門の一つになっています。

ハンマー投げの球がぶつかり九死に一生を得た体験で私が性格を変えることができたように、合併という外圧によって山陰合同銀行は新しい一歩を踏み出すことができたのです。

活発な人事交流で企業文化を融合

ふそう銀行との合併作業は順調に進み、合併事務局はちょうど1年で解散しました。これは他の合併行と比べ超特急といえるスピードだった思います。「7人の侍」はそれぞれの元の部に戻り、合併の計画に基づいて店舗統廃合や人事制度の見直しを手掛けることになりました。

私は頭取から「事務局は解散するが、向こう7年間にわたる人員計画を作った以上、君がやるしかない」と言われ人事課長になりました。私は元来、管理部門の人間ではなく、人事の仕事はいちばん、ふさわしくないと思っていました。しかし、「合併の最終的な成否は人事だ。人材をいかにモチベーションを落とさずに戦力化できるかにかかっている」との頭取の考えは全くその通りだと思いました。ですから「わかりました」と言って引き受け、3年間みっちり、自分で立てた計画を実践しました。

私が人事部にいたのは平成3年から6年までの3年間です。人事部には賃金、処遇、福利厚生を担当する給与厚生課と、人事異動、昇給・昇格、査定などを担当する人事課がありました。私は人事部長代理兼人事課長でした。

給与厚生課の課長は合併事務局で人事制度を担当した岩成君でした。合併後7年間で給与体系を統一し、企業年金も山陰合同銀行で吸収するという計画を策定したのは彼でした。

私は人事課長として、早く企業文化を融和させ、元ふそう銀行の行員を戦力化していくためにはどうすればいいのか、それだけを考えました。そしてそれを実現するために活発な人事交流を行いました。たとえば、元ふそう銀行の支店であれば、支店長はふそう出身、2人の次長は山陰合同銀行出身（もちろんその逆もあります）といった人事を行いました。

しかし人事異動で交流させることができる人数は自ずと限られます。全員の交流人事が終わるのを待っていたら、いつになるかわかりません。そこで、近隣の支店どうしをペアにして、数人ずつ相手の支店に行って業務を「体験」するアーチ型の交流も行いました。ペアになった支店どうしで仕事も遊びも一緒。お客さまのところにも一緒に訪問する。そうした取り組みを通じて、行員の意識レベルの均質化を図りました。もちろんその過程では、ふそう出身者に「これだけは合銀のやり方、考え方にしてくれ。そのかわり、人事異動で変なところに飛ばすとか、給与を低いままで抑えておくとか、あなた方のモチベーションを落とすようなことは絶対にしないから信用してくれ」ということを常に発信し続けました。

幸い、企業文化の統一は思ったよりも早く、3年ぐらいで実現できたように思います。山陰の人間は人がよいのでしょう。お互いが疑心暗鬼になるようなことはありませんでした。

人事の仕事に100点満点なし

人事の仕事には100点満点がありません。他の仕事であれば、徹底的に考え、集中して取り組み、うまく結果を出すことができれば100点満点です。ところが人事、特に人事異動に関してはそれはあり得ません。なぜでしょうか。
たとえばAという人の能力発揮レベルが10点満点中5点だとします。Bという人は7点だとします。すると、ある支店がBさんを送り出してAさんを迎えると、７点を出して5点が入ってくるわけですから、その支店としてはマイナス２点で戦力的にダウンします。したがって、「この人を動かすとマイナス２点になるから、プラス２点の人を持っていかなければならない」といった調整が必要になります。しかし、仮にそうした調整がうまくできたとしても、プラスマイナス・ゼロになるだけですから、人事としては当たり前の仕事をしただけで１００点満点中50点ぐらいの点数しかつきません。もし人事異動によってある支店の力がすごく落ちてしまったり、全体のバランスが崩れてしまったりしたら、人事は平均点以下の仕事しかしていないということになります。

また、X支店では行員の点数を合計すると50点、１人が転出すると45点になるとした場合、人事の基本はマイナス5点を補完できるような人を異動させてくることです。しかし、たとえば、事務検査の結果が悪いのであれば、事務に強い人を配属するようなこともあり得ます。その結果、X支店の合計点数が52点になるか、48点になるかはわかりません。ある支店は戦略的に55点にする、逆に別の支店は45点でもやっていけるなど、様々なケースがあります。

また、銀行の場合、ほぼ3年ごとに異動があります。かつては不正防止の意味合いもありましたが、最も大きな理由は個々人の能力開発のためです。しかし、なかには本人の希望に沿わない異動であったり、必ずしも栄転ではないようなケースも発生します。人事異動で栄転させてもいいだろうと思う人は、本人自身もしっかりやっているという自負がありますから「俺が栄転になるのは当たり前だ」と考えます。人事部のおかげで栄転できたなどとはちっとも思いません。一方で意図しないところに異動させられた人は「人事課長はいったい何を考えているんだ」と言って怒ります。人事というのは褒められることがない仕事なのです。

人事の仕事で重要なことは銀行全体をみて、バランスを考えていくということです。そのうえで、50点以上の仕事をするために、「5点の人をどうしたら6点にできるか」「4点にしないためにはどうするか」ということを常に考えなければなりません。そのためには、とにかく現場を歩かなければダメです。実際、私自身は人事異動の案を作成する立場になり、すべての支店を訪問しました。まず、元ふそう銀行の店舗、次にその近隣の合銀の店舗、そして、その他の合銀の店舗という順で歩きました。

すべての支店を訪問し行員と面談

一人ひとりの行員がパフォーマンスを上げることができるかどうかは、本人のモチベーションによるところが非常に大きいと思います。たとえば、今まで10分で通勤できていたのに、転勤して通勤に30分かかるようになると、それだけでモチベーションは下がります。ただ、そうしたことは「この人はあの店に異動させたら通勤が大変になるな」「単身赴任になってしまう」と客観的に把握できます。人事としてもカウントができるわけです。重要なことは「目に見えない部分でモチベーションを阻害しているもの」を見つけることです。それを見抜いて解決してあげることで、行員それぞれの力を1点上げることができれば、全体では何百、何千点と上がります。

多くの場合、モチベーションを阻害しているものは、一人ひとりの行員の心の中にある問題です。たとえば、家族が病気なのに遠くの支店に転勤しなければならないとしたら、その人はどう思うでしょうか。そういう事情も踏まえた人事異動ができれば、おそらく本人は「なんとやさしい銀行だろう」と感謝の気持ちを持ち、銀行のために頑張って働こうという思いを持つはずです。私自身、東京支店時代に母親が亡くなり、急遽、松江に戻してもらうという特例扱いをしてもらい、その後、モチベーションはアップしました。

「プラス1点」を実現するために、一人ひとりの行員のモチベーションアップを阻害している「見えない問題」をどうやって知るか。そのためには「歩く」しかありません。行員一人ひとりのことをできるだけ頭の中に入れるということです。もちろん全部は覚えられませんから、ノートに書きました。

私は、支店を訪問すると、すべての行員と5分~10分ずつ面談をしました。それまで人事部の臨店では支店長に様子を聞くくらいでしたが、私は必ず全員と会いました。質問するのは「プライベートで何か困ったことはないか」、この一点です。「業務上の悩みや相談事は支店長に相談してくれ。支店長には言えないようなことで、何か困っていることがあったら言ってくれ。力になれるかどうかわからないが、一緒になって考えよう」。そう言いながら私は支店を回りました。

もっとも、そう言ったからといって、みんながプライベートの悩みを打ち明けてくれるわけではありません。相手は人事部ですからどうしても身構えますし、何か抱えていても話してくれない人はたくさんいます。

私の経験上、よく頑張っている人ほどプライベートのことは打ち明けない傾向があるように思います。悩みや問題を一人で抱え込んでしまうのです。でも本当は誰かに救いを求めているはずですから、誘い水をかけてあげれば話してくれる人は少なくありません。

後に私が専務になって人事担当となり、人事課長が人事異動の案を提示してきたとき、私は「ところで君はいつ、この職員に会ってきた？」と聞くと、「いや、最近は会っていません」と言います。そこで私が「そもそも、どうやって人事異動を組み立てているの？」と質問すると、「年数の長い人をこうして、その代わりにこの人をこうして……」。そこで私が「その職員がどういう悩みをもっているか、わかっているのか」と言うと、まったくわからないわけです。

このときは私も厳しく「それでは人事課長として失格だぞ。机の上でコマを並べ替えて『これでどうですか』と持ってきたって判の押しようがないじゃないか。今回は間に合わないからこれで承認するが、次からは自分で歩いて、行員の特徴や悩みをまとめたノートを持ってこい」と言いました。すると彼は私が人事課長のとき以上に、本当によく歩くようになりました。

「どんな悩みでも相談してください」

人事課長時代に支店を「歩いた」思い出の中で、浜田のある支店の女性行員のことは忘れられません。

私が「何か心配事はないですか」と聞くとはじめは「特にありません」と言っていましたが、「どんなことでも言ってくださいね」と言うと、面接の最後に「実は一緒に暮らしている父がパーキンソン病で、自力では靴下もはけないくらいの病状なのです」「聞かれたのであえてお話ししましたが、それが将来に対する大きな不安です」と打ち明けてくれました。私が「医者には診せているの?」と聞くと、「近くの病院に通っていますけど治らないんです」ということでした。

それを聞いて私は、その女性行員に知り合いの医者を紹介しました。たまたま大学の同期生の小林祥泰君が島根大学医学部で教授をしておりパーキンソン病の専門医だったのです。私は「私が小林先生に電話をして、名刺の裏にも一筆書いておくから、お父さんを1回診せてあげて」と言い、次の支店の面談に向かいました。

すると後日、その女性行員から手紙が届きました。それには「大学病院に行ったらすごくよくしていただき、おかげさまで父は靴下がはけるようになりました」と書かれていました。そして、「今は安心して仕事ができます」「銀行のことなら何でもします」と、少しオーバーなことも書かれていました。

もう1人忘れられないのは、ある支店の男性行員のことです。彼は、父親が白血病で余命いくばくもないため、毎週金曜日に実家に戻り、月曜日の未明に実家を出て車を飛ばして出勤するという生活をしていました。ところが、面談して「何か悩みはないですか」と聞いても「ありません。頑張っていますから」と、そのことはなかなか話してくれませんでした。この行員は非常に優秀で、当時は支店長代理をしていました。ところが私が「そうですか。じゃあ、次の人を呼んでください」と言ったら、急に出口のところでもぞもぞして、「あの……、プライベートのことでもいいですか？」と言います。私が「もちろんです。それを聞きに来ているのですから」と言うと、「実は親がこういうことで」と話をしてくれました。

私はそのとき、とっさに自分の母親のことを思い出しました。そして「そんな大事なこと、もっと早く話をしてください」と言い、異動のタイミングではありませんでしたが、彼を実家の近くにある大学病院のそばの支店に異動させました。残念ながら親御さんはほどなくしてお亡くなりになりましたが、ぎりぎり死に目に間に合って「ちゃんと手を握って送り出すことができました」ととても感謝されました。

こうした例はいくつもありますが、それでも行員一人ひとりが抱えている「見えない問題」をすべて拾えていたかどうかはわかりません。しかし、「見えない問題」への手当てをすることができれば、その行員のモチベーションは間違いなく上がります。

もちろん、勉強すればもっと伸びるかもしれませんが、「もっと頑張ろう」という気持ちを少しだけでも高めてあげること。それが人事部で50点以上の仕事をするということなのです。

コラム

採用は面接重視、筆記は35点でも合格

人事部時代には採用の方法も大きく変えました。自分が就職活動をしたとき、はじめに筆記試験をされた苦々しい記憶がずっと残っていたので、筆記試験を最後にし、面接も新しい方式にしました。またこの改革を行うにあたり、「役員はいっさい関与しない」という基本方針を打ち出し、「採用は現場に任せてください。「明日の銀行員」を採用したいのです」と言いました。すると、深野頭取が「やってみろ」と背中を押してくださいました。

新しい採用の方式は、まず20代、30代の若手行員をリクルーターに任命し、波状的に面接をさせました。1回目は3人のリクルーターが、一度に3人から5人くらいと面接します。そしていろいろな議論をしながら、一定の基準でA・B・C・D・Eで

採点します。そこからEを外して、次はA〜Dのメンバーを別のリクルーターが面接し、同じように評価します。そして今度はDを外して……と、3回くらい行う方式です。

そこで最後まで残ったメンバーは基本的に全員採用です。ただし、最後に人事課長が確認のための面接をしました。若いリクルーターに選ばせた中には、もう一度よく見る必要がある人もいましたが、ほとんどの場合、全員を採りました。それが終わると、人事担当専務ほか常務以上の役員との顔合わせを行います。受験生には面接と言ってありましたが、行内的には「面通し」という感覚でした。実際、役員との質疑応答は点数には関係がありません。

そして、最後に筆記試験をします。本当はしなくともよいのですが、見事な受け答えをする「言葉の達人」でも知識、常識はゼロという人が稀にいるので、やらないわけにもいきません。ただ、100点満点で35点でも合格です。さすがに10点未満はお断りしましたが、35点の人はざらにいました。

第5章

駅前支店長・営業統括部長・総合企画部長〜常務、専務時代

古巣の駅前支店長として商業ビル存続に奔走

人事部での勤務が3年近くなり、部長の本池さんから「苦労をしてもらったがそろそろ異動のタイミングになる。どこか行きたいところがあったら言ってくれ」と聞かれました。本池部長はかつて審査部でコンビを組み、「ポテンヒット」をなくす特命案件で一緒に汗を流した仲でした。

その本池部長からのありがたい言葉でしたが、人事課長として異動を仕切っている立場でしたので「希望などありません。どこにでも行きます。部長が思うようにしてください」と答えました。すると「ならば岡山支店長で行け」と言われました。

岡山支店は10数カ店あるブロックの中心の支店でした。今は山陽営業本部になっていますが、当時も本店営業部や鳥取営業部と同じランクの支店でした。しかしこのとき私はまだ47歳。ブロック支店長としては常識的に考えて若すぎました。そこまで本池部長に買っていただけたのはありがたいことでしたが、「私は人事課長でしたし、誰が見ても『あそこか』という程度の店にしてもらえませんか」とお願いしました。それで本池部長が選んだのが駅前支店でした。おそらく本池部長が深野頭取と相談して、「本人がそう言っているなら近くの駅前支店あたりにしておけ。また何かあったら古瀬を使わないといけないから」といった話になったのでしょう。

こうして私は平成6年、入行4カ店目で勤務した松江駅前支店の支店長になりました。

松江駅前支店長は2年間だけでしたが、松江サティ（現在はイオンスタイル松江）のオープンをめぐる出来事は思い出に残っています。

当時、松江の駅前にはジャスコをキーテナントとする「ピノ」というショッピングビルがありました。「ピノ」のビル自体は日本生命が所有者で、ジャスコのほかに20社近い地元の業者がテナントとして入居していました。

ところが、ピノのそばに松江サティが開業したことで、ジャスコをはじめ、ピノのテナントの売上は落ち込み始めました。そしてついに、ジャスコがピノからの撤退を表明したのです。

困ってしまったのはピノに入居していた地元の20数店舗です。彼らはみな合銀の支店と取引がありました。キーテナントのジャスコが撤退してしまえばゴーストビルになってしまい、何か手を打たなければバタバタ倒産してしまいます。そうした状況の中、ある日突然、テナントの代表団が松江駅前支店を訪ねてこられ、「本当に困っています。何とか助けてください」と懇願されました。私は「ピノ自体の建設資金は商工中金が融資したはずですから、そちらに行かれたらどうですか」と進言しましたが、

「行ったけど、どうしようもないと言われてしまいました」という答えです。そう言われて困ってしまいましたが、放って置くことはできません。「皆さんは当行のお取引先だし、やるだけやってみましょう」と対応を引き受けました。

それからはほとんど毎日、テナントが集まる会議に出かけていって話を聞きました。すると、ビルを所有する日本生命はイオン（ジャスコの親会社）から20年の賃貸契約を途中で打ち切ることに伴う多額の違約金を受け取るので、たとえビルを壊すことになってもたいした負担にはならないこと、一方で地元のテナントはピノがなくなると売上がゼロになってしまうことなど、かなり深刻な問題であることがわかってきました。そこで、ジャスコに代わるテナントの誘致とあわせ、日本生命が持つビルの所有権の売却先探しを始めました。

売却先探しに価格交渉　山積する難問に対処

やることは山ほどありました。まず、日本生命とイオンに、もう少し追加負担をしてくれるよう要請しました。安くなければ誰も買ってくれませんので、イオンには違約金をもう少し余計に払ってもらい、日本生命にはその分、売却価格をまけてもらうわけです。ただ、当時はまだバブルの余韻が残っていて、駅前のゼロ番地の土地代は坪250万円くらいはしていました。日本生命も、いくら違約金をイオンからもらったとはいえ、あまりに安い価格では売ってくれません。

ビルの売却先探しではまず、代々木ゼミナールに打診してみましたが、断られてしまいました。次に河合塾に交渉に行きました。すると、「駐車場棟はいらないが、店舗部分だけなら」と興味を示してくれました。そこにうまい具合に「駐車場棟だけなら買ってもよい」というパチンコ屋さんが現れ、河合塾には「店舗部分だけでけっこうですので」と返事をしました。

河合塾とは価格の交渉も順調に進みました。そこで私は宮岡寿雄松江市長に挨拶に行き、「お騒がせしていたピノの件、河合塾を誘致することができそうです」と報告しました。すると宮岡市長は「それはちょっと困ったな」と言われます。「あそこは松江の玄関口だし、ショッピングエリアにしたいと思っていました。学校ですか……」とおっしゃるので、私は「いや、せっかく話をまとめてきたのですから。それにショッピングエリアとおっしゃいますが、ジャスコが撤退するくらいですから無理だと思いますよ」と答えました。しかし市長が「いや、何とかもう一度考えてもらえませんか。松江市も全面的に協力しますので」と言われます。仕方がないので「そうですか」と持ち帰り、地元テナントの方と相談すると、皆さん、「それはショッピングセンターになるのがいちばんいいけれど」ということでした。

そこで河合塾には「実は、こういうことを松江市長が言っています。こちらからお願いしておきながら申し訳ないのですが、契約はしばらく待ってもらえませんか」と伝え了解をもらいました。

それからまたいろいろ探して、岡山に本社があり、当行とも取引がある天満屋ストアに頼んでみました。早速、開発部長以下が視察に来られましたが、見た瞬間、「今、こういう店はだめです」と断られてしまいました。

私は、「これはもうどうにもならないな。最後の手段だ」と思い、地元の一畑百貨店に交渉に行きました。県庁の近くにユニークな形のツインビルがありますが、どちらも一畑の所有物件です。そこで、今はお亡くなりになった大谷昌行社長に「駅前に移転をされませんか」と持ちかけました。すると大谷さんは「何を言っている。うちはできたときから今の場所だ。移転などできん」と絶対反対の立場でした。

しかし、駅前支店は一畑電設をはじめとするグループ会社と取引があったので、私はそうした会社の社長たちに「応援してください」と声をかけ、粘り強く大谷さんと交渉を続けました。また、「あんなところで百貨店をやっても」と慎重な姿勢だった大谷社長の息子の大谷厚夫専務にも何度も相談しました。松江市からは、地下の駐車場を松江市が7千万円ほどかけて造り、その駐車場と百貨店とをつなげるという案の提示を受けました。そうして、一致団結して大谷社長と交渉し、何とか「わかった」と応諾を取り付けました。

ただ、購入の条件は「土地代は坪30万円」でした。坪250万円くらいする物件でしたから「まいったな」と思いましたが、デパートとして利用するには外装も内装も相当のお金をかけてすべてを直さなければなりませんから、仕方ないなと思って呑みました。

そうなると、今度はイオンとの交渉が大変でした。千葉・幕張の本社を4回くらいは訪ねたと思います。第一勧業銀行出身の先方の専務に「何とか助けてくれ」とお願いした上で、「契約期間を残して出ていくあなた方にも社会的責任がある」と言って交渉を進めました。松江市も、サポートするという約束通り、総務省から派遣されてきていた鹿児島出身の渕上俊則さんという助役を付けてくれ、一緒に幕張に行って交渉してくれました。

結局、イオンは何とか承諾してくれました。一畑百貨店が坪30万円で日本生命から区分所有権を買い取り、そこにテナントとして入居することになったのです。イオン

一畑百貨店に生まれかわった駅前ビル

が違約金をたくさん日本生命に払ったということだと思います。日本生命は損をしていないはずです。

あのとき、もし、ピノからジャスコが出ていくのを黙ってみていたならば、松江駅前の一等地の建物が幽霊ビルになってしまっていたかもしれません。それでいちばん困るのは倒産の憂き目にあうテナントと、なにより松江市民です。今、多くの地方都市で中心市街地の空洞化が問題になっていますが、私は駅前支店長時代にはからずもそれを防ぐという大きな仕事に携わることができました。

営業統括部長として独創的な仕事を目指す

平成8年から2年間、業務渉外部長を務めました。できてまだ時間が経っていない新しい部でしたが、私が3代目の部長として着任したときは活気のある、いい部になっていました。

業務渉外部はその名称のせいで、他の銀行の公務部と同じような仕事をしていると思われがちですが、実際は今でいうM＆Aや販路開拓、新製品開発の支援、お客さまのサポート、ベンチャー支援など、企業の支援をする部署です。合銀の場合、公務部はべつにあります。ちなみに業務渉外部は現在、地域振興部になっています。

業務渉外部長には権限規程に基づく権限がまったくありませんでした。お客さまのサポートを行う部ですから、何一つ決めることができません。しかし私は逆に、「この部は何をしてもいい部だ。権限がないということは制約もないということだから、いわば青天井の権限があるようなものだ。頭取が『うん』と言ったら全部いいんだ」と言っていました。業務渉外部は前身の地域開発室時代から、非常にユニークでビビッドな部だったと思います。

平成10年、今度は営業統括部長になりました。

営業統括部は商品開発から営業店の尻たたきまで、幅広い権限を持った部ですので、部長として行ったものの、何をやっているのかさっぱりわかりませんでした。

そこで商品開発室の課長だった野坂政史君に何の仕事をしているのか尋ねました。野坂君は非常に有能な人物でしたが、残業をしてばたばたと忙しそうにしている割にろくな商品が出てこないように見えたからです。

野坂君には担当者ごとに、毎日やっている仕事、週に1回の仕事、月に1回の仕事、3カ月に1回の仕事…とリストアップしたものを提出してもらいました。それをもとに2人でルーティンの仕事の仕分けを行い、やめることができる業務を整理したり、他の部署や関連会社に引き取ってもらったりしました。そして商品開発室は、商品の開発以外はやらず、朝から晩まで新しい商品の開発に専念する態勢を整えました。

野坂君は相手に多少言いにくいことでも平気で言えるという、ある意味で特異な能力の持ち主でした。ルーティン業務を他の部に移すといっても、ある程度は強引に引き受けてもらわなければなりません。そのためには交渉力が必要です。その点、野坂君の交渉力は見事で、それまで時間を取られていた業務を相当省くことができました。

私の考えは、「営業統括部はものを考える部署だ。そういう部署が作業に追われてどうするのか」というものでした。ルーティンワークがあるとどこか安心してしまうという感覚もわかります。朝、出社して、やることがあるという安心感はなかなか手放せないものです。しかしルーティンワークはどこか一つの部署なり担当者に集約したほうが効率的です。みんなで手分けをしてやる必要はありません。そしてその結果、営業統括部は間違いなくクリエイティブな仕事が中心になります。

実際、野坂君とルーティンワークの整理を進めたところ「こういう商品を検討しています」といった話がどんどん出てくるようになりました。私も「これはすぐにやれ。手元で抱え込むような問題じゃない」と、新しい企画や商品開発をずいぶん、後押ししました。

総合企画部長として「透明」「公正」な企業風土づくりに着手

平成12年、取締役総合企画部長になりました。53歳のときです。そこから、私は自分なりの改革を急ピッチで進め始めました。それまで頭の中で考えていたり、例の「古瀬ノート」に書き込んであったことを、一気に実行に移したのです。

その背景にはその年の3月にいわゆる繰延税金資産の概念が入るなど時価会計が導入されたことがありました。私は単なる会計制度の変更ではなく、銀行の価値観そのものに変革を迫る改革だと受け止めました。

それまでの銀行の経営は、含み益経営でした。銀行は信用が非常に重要ですから、いざというときには含み益を使って損失を穴埋めし、毎年、収益を安定的に計上していく。それがどこの銀行でも経営の目標でした。その結果、どの銀行の経営戦略も「横並び」「金太郎飴的」で似たりよったりでした。

また、含み益経営とは、「利益を表に出さないでおく」経営、ちょっと言葉は悪いですが「利益を隠しておく」経営ですから、財務内容にとどまらず、ちょっとしたことならば「表には出さないでおこう」という体質がありました。たとえば行員がお客さまの預金を着服する不正をしても、きちんと家族に弁償してもらったならば、監督当局に「こんなことがありましたが、適切な処分をしました」と報告するだけで、対外的な発表などしませんでした。「公表して世間が騒いで信用が揺らいだら大変だ。本人も反省して弁償もしているのだから、それでいいじゃないか」という発想だったわけです。

しかし、時価会計の導入でそうした企業体質は許されなくなりました。会計上、時価で資産・負債を評価するわけですから、含み益も含み損もすべてを詳らかにしなければなりません。バランスシートの勘定科目で隠す部分はなくなり、素っ裸になったのです。そうなると、企業体質もそれに合わせて変えていかなければなりません。組織のなかに少しでも「隠蔽体質」が残っていると、必ず食い違いが生じて、大きな問題になるからです。ですから私は、時価会計が導入されることになった瞬間、「これは大変だ」と思ったのです。

ＤＮＡとして染みついた「本部には言わないでおこう」「内部で処理して公表はしないでおこう」といった体質・価値観をどうやって正していくか。企業風土に関わる問題ですから、大変な手間がかかります。

しかし、そうしたＤＮＡを払拭することは企業としての死活問題に直結します。世の中の物差しが変わっているのに、いつまでも古い物差しで自分たちの価値観を測っていては企業の存続が危うくなります。そこで、考えに考え抜き、「透明性」と「公正性」という二つの言葉を繰り返し繰り返し行員に発信し続けることにしました。

「透明性」とは「すべて明らかにしろ、いっさい隠すな」ということです。そして、透明性を確保するためにさまざまな規程も改定し、事務ミスには寛大に対処することを明確にしました。「間違ったりミスをしても厳しく追及はしない。もちろんペナルティーはあるが、それは取り返しのつかないペナルティーではない。必ず取り返しがつくような形にする。ただし、悪意は駄目だ」という考え方を徹底し、懲罰規程もその価値観に合うような形にすべて変えていきました。この作業に取り組んだのが、取締役総合企画部長としてのいちばん大きな仕事でした。

企業を存続させていく上で、コンプライアンスへの対応は決定的に重要です。しかし、コンプライアンスを「法令遵守」という狭い概念で捉えてしまうと、思考停止になってしまいかねません。法令やルールを「遵守」するのは当たり前のことです。

しかし、法律にはダメと書いていなくとも、やってはいけないようなことはいくらでもあります。その判断基準こそが「コンプライアンス」だと思います。つまり、法令やルールができたときの背景、思想にまで立ち返り、その考え方が現在の業務や行為のなかでも貫かれているかどうかを検証することがコンプライアンスの実践なのです。

総合企画部長時代に総務部をなくしたことも、コンプライアンスの徹底を意識したからです。私が「総務部は何をしているんだ?」と聞くと、「株主対策と文書の発送です」という答えが返ってきました。私は「いまだに株主対策をやっていること自体おかしいのではないか。そんな業務はいらない」と言いました。経営実態のすべてを公にしなかった時代は株主対策が必要だったかもしれません。しかし、時価会計が導入されすべてを公表する時代に変わり、ガバナンス強化が叫ばれているにもかかわらず、いまだに株主対策を仕事としてやっているのはコンプライアンス的におかしい、と思ったからです。もちろん、資本政策は必要です。しかし、それは経営マターですから、総合企画部で引き受けました。

文書の発送も事務センターがあれば事足ります。そこで本部事務集中部という部署を新たにつくり、各部でそれぞれ行っていた請求書管理の仕事などもすべてそこに移しました。管財業務（店舗など不動産の補修・修繕　管理など）は松江不動産という関連会社に移管しました。

こうなると総務部は不要になりますから、解体です。総務部のない地銀はめずらしいのではないでしょうか。

コラム　うそは許さない

私が頭取の頃はミスや不祥事が続きました。ただ、私はミスには寛大でした。「1億円間違えようが、2億円間違えようが、一生懸命やって起きたミスならば、俺がちゃんと記者会見で謝る」。実際、副頭取時代も含め5回くらいは県庁記者クラブに頭を下げに出向きました。一方で行内では「これは俺の責任だから、おまえたちが気にすることはない。今度は間違えないように。もっと頑張れ」と言って、けん責も訓告もほとんど処分はしませんでした。

個人情報保護法ができたばかりのとき、「個人情報が40件ほど漏れました」と報告を受けたことがありました。私はどうして漏れたのかをよく聞き、「ボタンを押し間違えました」ということであれば全部許していました。ただ銀行が個人情報を流出させたことは世間的には大変な問題なので、私が記者会見をして「私どもの態勢が不十分だったためで、お詫びいたします。今後はこうしたことが起こらないよう、ダブルチェックを行っていきます」と謝罪しました。

記者会見では「なぜこの程度のミスで頭取がお詫びの会見をするのか」とも聞かれました。私は「それは私が責任者だからです。当行の態勢がうまくできていなくて、これだけ世間を騒がせたのですから、私が出るのが当然でしょう」と答えました。すると記者は「でも、次にもっと重大なことが起こったら、出る人がいなくなりますよ。普通は担当役員が出てくるものではないですか」と言うので、私は「万が一、またミスが起きたら、また私が会見します。もちろん、私も会見に出たくて出ているわけじゃない。行員がみんな新聞やテレビを見ているはずだから出ているんです」と。

実際、新聞やテレビで私が頭を下げているところを見た行員たちは「自分たちのミスのせいで頭取が謝っている。申し訳ない」という思いを抱きますから、ミスがゼロにはならないにしても、緊張感をもって仕事に臨むようになります。会見で頭を下げることは決して楽しい仕事ではありませんでしたが、その後はミスが大きく減るという効果があったのは確かです。

ミスに対しては寛大だったのに対して、隠蔽や改ざん、虚偽の報告など「悪意」があった事案については徹底的に調べ、厳しく処分をしました。監査役をお願いしていた弁護士から「そこまでやると訴訟になるかもしれません」と言われたりしましたが、私は「なっても構いません。そういう文化をつくりたいから」と毅然とした対応をしました。

隠蔽や改ざんは、交通違反にたとえれば飲酒運転です。スピード違反はメーターを見ていなければ「10キロオーバーでした」と言われて初めて「そうだったのか」ということもありますし、私も捕まったことがあります。もちろんルール違反には違いないので罰金を払いますが、それで一生をつぶすようなことではありません。

しかし飲酒運転は、「飲んだら絶対に運転してはダメ」と知っているのに飲んで運転をするわけです。そういうことをする人を私は許しませんでした。「もう少し穏便に」と言う人もいましたが、私は「それはあり得ない。穏便に済ませるのはミスの場合だけだ」と言い続けました。

ローコスト構造の実現に向け「聖域なき改革」

私が総合企画部長を委嘱されていた5年間は異例ずくめの人事で、取締役になった翌年の平成13年に常務取締役、その翌年の平成14年には専務取締役と肩書が変わりました。もちろん、私が望んだわけではなく、本人は何がなんだかわかりませんでしたが、今にして思えば、いわゆるサクセッションプランだったのでしょう。しかし、私自身は「専務をやってもらう」と丸頭取に言われたときも「ありがとうございます。」ただ、私は総合企画部でやるべきことがまだ山ほどあります。ですから総合企画部長として陣頭指揮をとらせてもらいます」と言いました。実際、常務室や専務室にいることはほとんどなく、相変わらず総合企画部長の席で「山積み」の仕事をしていました。役員の部屋で下から上がってきた報告を聞く段になって、「どうなっているんだ？」とびっくりするのがいやだったせいもありますが。

総合企画部長時代に「透明」「公正」な企業風土づくりとあわせて腐心したのは不良債権の処理とそれに伴う経営体質の強化です。

バブル崩壊で当行にも3000億円前後の不良債権がありました。それを処理しながらの決算は本当に大変でした。私は「断じて赤字決算にはしない」と決めていました。行内には「他の地銀も赤字決算をしているし、やむを得ないのではないか」といった意見もかなりありましたが、私は「赤字決算にすると支店長がお客さまにどれだけ説明に歩かなければならないか。そうなったら前向きな営業などできないし、士気が大きく下がる。だから、必死に頑張ろう」と言い続けました。親しくしていた広島銀行さんなどから、銀行が赤字決算を出したときの苦労話をいろいろ聞いていたからです。

不良債権がなかなか減らない状況のなかで金利もどんどん下がっていきました。私が総合企画部長になったとき、当行が保有していた国債の運用利回りは3・5%前後だったと記憶していますが、10年物新発国債の利回りはすでに1%台後半で、デフレの進行とともにさらに下がり続けていました。当行のように1兆円くらいの余資運用をしていれば、長期金利が3・5%から1%に下がることで、運用収益は単純に250億円近くも減ってしまいます（もちろん調達金利も下がりますが）。

この財務的なインパクトは非常に大きいものがあります。仮に1期は決算を乗り切っても、長期にわたり経営の持続安定性を確保することは不可能です。それに対応することが経営の最大の課題であり、私のミッションでした。

私が考えた結論はローコスト構造の実現でした。普通の経費削減では生ぬるいので、組織体制や業務の仕組みに思い切ってメスを入れ、人員削減や関連会社の再編、本部の機構改革など、まさに「聖域なき改革」を行いました。

山陰オフィスサービスという会社を新しくつくり、本部にあった事務集中部を、業務はもちろん、人もすべて新会社に移したのもその一例です。私は朝9時に出社して、一日中事務処理作業をして午後5時には帰る部署の行員と、マニュアルもないクリエイティブな仕事をしている業務渉外部のような部署の行員が同じ賃金テーブルで処遇されるのはおかしいとずっと思っていました。そこで、山陰オフィスサービスでは、やっている仕事は事務集中部のときと同じですが、給与水準を銀行の7割ぐらいに抑える新しい体系をつくりました。給与が7割になるといっても、もともとの給与水準が高いので生活には困りません。そして、20代も30代も40代も、事務集中部の人たちと支店で庶務的なことをしていた人は全員、新会社に転籍してもらう方針を打ち出しました。

もっとも、本人が転籍に同意しなければそれまでです。そこで人事課長に全員と面接をしてもらい、「新会社に転籍すれば転勤もないし、他の部署の人と比較されてつまらないことを言われることもない。考えてもらえないだろうか」と説得してもらいました。また、銀行を退職して転籍することになるので、年代に応じて退職金に相当な割り増しをすることにしました。

大変、苦労しましたが、結果的には200人いた対象者のうち120人が新会社に転籍しました。かなりの荒技だっただけに、後日、新会社の社長から、転籍してきた人たちも楽しく仕事をしていると聞いたときは、ホッとしました。

出張所、代理店を活用し店舗を整理

コスト削減のためにこうした改革は山ほど実行しました。システム部にあったシステム運用課も外へ出しました。システム運用課の仕事は、システムが動くのを監視することだけです。私は「銀行員がやる仕事ではない」と考え、山陰オフィスサービスと同等の給与体系の「ごうぎんシステムサービス」という会社をつくり、システム運用課のルーティンワークはそこに移管しました。

コスト構造の改革のなかで力を入れたのがシステムの共同化と店舗統廃合でした。

システムの共同化は丸頭取の英断でした。みちのく銀行の大道寺小三郎頭取、肥後銀行の長野吉彰頭取と平成12年に「基幹系システムは一緒にしましょう」と合意したのですが、今でもよく合意できたなと思います。3人の頭取に先見の明があったということです。

私はこのプロジェクトも担当しましたが、年間40億円もかかっていた基幹系システムのランニングコストを23億円まで17億円も減らすことができたのは非常に大きなことでした。

店舗統廃合に関しては、フルバンキングの店舗を３００弱から１００に減らし、残りを「出張所」という名称にしました。出張所は法人取引を担当せず、貸出業務も個人ローンしか扱わない個人取引専門としたので、総合職の融資係を配置する必要がなく、かなりの効率化が図れました。「支店」の名称を変えずに取り扱う業務を絞り込んでしまうと、取引をしていた企業から「なぜうちの取引は××支店に移ってしまうのか」といった苦情が出ると考え、「出張所」というくくりを新たに設けたわけです。法人のお客さまには、「このたび出張所に変わり貸付係を置かないことにしましたので、申し訳ありませんが取引支店を変わってください」とお願いしました。

山陰合同銀行には出張所のほかに郡部を中心に代理店が30数カ店あります。代理店は責任者のほかにパートが３人もいれば業務ができます。規制金利時代は預金を集めるうえで大変に効率のいい形態の店舗でした。

代理店はすべて１００％子会社でしたので、当行は代理店だけで30数社の子会社を持っていたわけです。そこで私は「ごうぎん代理店」という会社をつくり、すべての代理店をその会社の支店にしました。それまで 代理店は支店をつくれないという規制があったため一つひとつが100%子会社でしたが、総合企画部長時代にいつも見ていた官報に、代理店に関して、「支店は持てない」という規制をなくすとの決定が載っていたので、「そうか。代理店も支店を持てるんだ」と思い、「ごうぎん代理店」をつくったのです。それまでは銀行本体から30数社の代理店に1社ずつ検査に行っていましたが、新会社設立後は「ごうぎん代理店」を検査するだけでよくなるなど、大変な効率化が図れました。

代理店会社をつくったのも地銀の中では当行が最初です。私が頭取になってから、鹿児島銀行さんや南都銀行さんが視察に来られ、当行のやり方を参考にいろいろ試みていると思います。十八銀行さんにも「長崎は離島が多いからきっと有効ですよ。見に来られませんか」と声をかけました。

このようにして、私は店舗数自体はあまり減らさず、それぞれの店舗が担う業務を絞り込むことで少人数でオペレーションができる態勢を整えました。それと同時に採用を絞ったり関連会社へ転出させたりしながら、ピークには3400人いた行員を2000人くらいまで削減しました。

次代を見据え新しいビジネスモデルづくり

ローコスト構造の実現を目指し改革に取り組み始めた当初は、コストを60億円削減するという目標を立てました。４４０億円かかっていた経費を３８０億円にしようということです。その実現に向けて、すでにお話ししたように「聖域なき改革」を行いましたが、行員の給与水準を下げることだけはしませんでした。私は基本的に、行員の給与は減らすべきではないと思っています。役員の待遇を見直すことも含め、行員の給与に手を付ける前にやれることはたくさんあります。何よりも行員の皆さんにはモチベーションを高く持って頑張ってもらわなければなりません。ですから、行員の給与を削ってはいけないのです。

結局、60億円の削減目標は何とか達成できました。その後も私が会長でいる間まではほぼ３８０億円台で経費は推移しました。

ローコスト構造の実現と並行して次代を見据えた新しいビジネスモデルづくりにも注力しました。柱の一つは、やはり官報に銀行の付随業務として認めるとの決定が載っていたビジネスマッチングでした。今はどの金融機関もビジネスマッチングに熱心に取り組んでいますが、最初に取り組んだのは当行だったと思います。

もう一つの柱はリテール分野におけるクレジットカード戦略です。

クレジットカードビジネスに本格的に参入しようと思ったきっかけは、何かの集まりでローソンの方と話をしたことです。そのときに、コンビニでは「おかかのおにぎりを買った人はキャッシングをする傾向がある」といったような、思いもつかない相関関係を示すさまざまなデータを集め、「ある商品を買った人は次にどういう消費行動をするか」といったことを細かく分析していると知り衝撃を覚えました。

そのときにローソンの方から出たのが、「キャッシングは儲かります。収益のかなりの部分を支えています」という話です。私が「なぜ銀行ではなくコンビニ店舗のATMでキャッシングが利用されるのでしょう。銀行より金利が低いわけでもないのに」と聞くと、「それはマーケティングをしているからです」という答えでした。そこで「どういうマーケティングをしているんですか」と質問すると、「キャッシングをしてもらえそうな人に的を絞ってDMを送るなどのアプローチをしています」ということでした。

つまり、すべてのお客さまに向けて弾を撃っているのではなく、商品の購買履歴を詳細に分析し、「おかかのおにぎりを買った人」など、利用してもらえそうな人に向けて弾を撃っているというわけです。今でいう、ビッグデータ分析に似ています。私はローソンの方の話を聞き、銀行の発想が世の中の動きから取り残されていることを思い知らされました。

当時はまだ、どこの銀行でもローソンのようなターゲットを絞り込んだマーケティングなど考えていない状況でした。マイカーローンのキャンペーンをやることになると、高いお金を払って新聞全紙に広告を出したり、顧客全員にDMを送ったりという発想でした。しかし本当にセールスすべきなのは、車を購入する可能性がある人に対してです。そしてその対象は、過去にマイカーローンを借り入れたことがある人の借入期間や返済履歴、買った車が新車だったのかといったデータを調べれば、ある程度は把握することができます。ただ、そうしたデータベースを整備、分析し、マーケティングを行っている銀行は当時ありませんでした。住宅ローンにしても、リフォームローンにしても同じです。あるデータに基づいて科学的にターゲットを絞り込み、その対象層にセールスをしていくという「マーケティング」のセンスは決定的に欠けていました。つまり、銀行はお客さまが向こうから来てくれるのを待っているだけで、こちらから「商売をする」という感覚を持っていなかったのです。

クレジットカードをフィービジネスの柱に

こうした経緯があり、私はクレジットカードを個人向けのフィービジネスの柱として位置づけました。

それまで銀行のクレジットカードビジネスといえば、関連会社をつくってカードを発行させ、あとはカードホルダーが使ってくれるのをじっと待つというものでした。しかし会員数はＪＣＢとＶＩＳＡを合わせても10万人余り、利用率は10％台で利用単価も高くありませんでした。

これでは収益はほとんど上がりません。そこで私は、個人のカード会員とウィン・ウィンの関係を築けないだろうかと考えました。端的に言えば「消費生活を豊かにしてさしあげる」ことです。つまり、消費生活を豊かにする提案を仕掛けることによってカード利用の機会を増やす。利用してもらうのを待っているのではなく、こちらから利用してもらうよう仕掛けるという発想です。

しかし、そのビジネスモデルに転換するにはたくさんのハードルがありました。第一に、カード会員がたったの10万人余りでは面的展開はできません。ある程度、マーケットを制圧していなければ無理です。

そこで私は「2年で30万人に増やせ」と号令をかけました。カード会員が30万人ということは、山陰両県でほぼ「4世帯に1枚」「就業人口数に占める割合は4割」という計算になります。この数字は給与振込口座数や年金振込口座数などからはじき出しました。

この目標を達成するためにまず、平成22年4月に子会社のごうぎんクレジットからクレジットカード会員事業を引き継ぎ、銀行本体でキャッシュカード一体型のクレジットカードの発行を開始しました。これによって、事業戦略をより機動的かつ柔軟に立案・実行できる体制が整ったほか、カード会員の取引情報を銀行のマーケティングで活用することが可能になりました。また、カード会員の家族などが対象のプリペイド式カードも地銀として初めて発行しました。

カードの利用促進策も拡充しました。カード会員向けに、ゴルフのレッスンプロの講習と併せた展示即売会を開催したり、豪華客船ツアーを実施したり、化粧品のイベントなどを行ったりしました。

「2年で30万人」の目標は相当、高いハードルでしたので、取締役会でも揉めました。しかし私は将来の収益を考えたとき、現場が忙しくてもやらなければならないミッションだと考え、半ば強引に進めました。トップはある程度の強引さがなければいけません。合議ばかりでは駄目なのです。

このときは結局、30万人の目標には届きませんでしたが、25万人にまで会員数を増やすことができました。余談ですが、何とか目標に近い水準まで到達できた理由の一つは、山陰合同銀行がものすごくまじめな銀行だからだと思っています。行員は非常にまじめです。「東を向こうよ」と言えば、ほとんどの行員が東を向きます。普通の組織だと、だいたい1割か2割はそっぽを向くものですが、当行の場合、そっぽを向く人がゼロとは言いませんが、極端に少ない。そういう行風なのです。それだけに「みんなで東を向こうよ」と号令をかける人の責任は重大です。

コラム

自分の頭で考える

私はローソンの方から「おかかのおにぎりとキャッシング」の関係を聞いて衝撃を受けましたが、ことほど左様に、銀行にいると凹の中の動きに鈍感になってしまいがちです。組織全体がそうなので、「打てば響く」ということにはなかなかなりません。ずっとがんじがらめの規制の中でビジネスをしてきて、「これだけやっていればいい。余計なことは考えるな」といった教わり方をしてきたので、急に「自由に考えろ」と言われても無理なのは仕方がありません。しかし、そこは訓練をして変えていかなければなりません。

銀行の看板を使って、義理と人情で「今までの付き合いがあるじゃないですか」とお願いするような取引ももちろん大事です。しかし、もう少し能動的に、お客さまの満足度を増しながら、われわれも収益機会につなげるといったウィン・ウィンの取引関係を目指す必要があると思います。

私は「創意工夫」とよく言いますが、要するに「自分の頭で考える」ということです。規制、横並びの世界で生きてきた銀行の人たちが「自分の頭で考える」ことは、立派なビジネスイノベーションです。

慶応大学大学院教授の岸博幸さんは私と同じ考えをお持ちでした。将来を担う若い人たちを対象にした松江商工会議所の「まつえ未来創造塾」で講演していただいた際に、「これからの日本はイノベーションをどう起こすかが鍵です。そして、ビジネスイノベーションは小さいところから起こります。大きいところでは無理です」というお話をされました。

たしかに、日本経済の持続的発展を考える上では、潜在成長率が非常に重要です。潜在成長率は労働力人口と資本と生産性の伸びで決まります。しかし、労働力人口も資本も今後の増加には限界があります。となると、日本経済が成長していくにはイノベーション、つまり創意工夫で生産性を上げるしかないわけです。これは企業でも全く同じことです。

もっとも私は岸先生と違って大学の先生ではないので、大上段の議論をしても仕方ありません。だから「創意工夫だ。自分で考えるんだ」「それが銀行を助けることになる」と常に言っているわけです。

第6章

副頭取時代

「ごうぎん希望の森」活動をスタート

常務、専務時代も総合企画部長としてローコスト構造の実現と新しいビジネスモデルづくりに追われ、毎日があっという間に過ぎていきました。それでも自分としては「もうこれ以上のことはできないな」と頑張り、また、部下たちの奮闘もあり、それぞれの課題に何とか道筋をつけることができたように思います。私は若いときにサクセスストーリーがほとんどありませんが、総合企画部長としてこなした仕事で、それまでの「非サクセスストーリー」を少し修正することができたかもしれません。

平成17年6月、副頭取になりました。もっとも副頭取というのは、建物でいえば「中二階」のようなポジションでルーティンはほとんどありません。役員でも常務や専務はそれぞれ担当を持っているので忙しくしていますが、当時は副頭取には担当はありませんでした。人事も最終的には頭取が決めますから、本当に何もないのです。そこで私は少し銀行の業務から離れて、念願だった地域貢献活動に取り組もうと考えました。

私の地域貢献への思いはこの時初めて抱いたわけではありません。例の「古瀬ノート」にも「銀行は運動会やお祭りに寄付をしているがそれはそのときに使われるだけで終わってしまっている」「せっかくカネを出しても地域や社会にどう貢献したのかがあまり伝わっていない」「お金を出すだけではなく知恵を出すことが地域への貢献なのではないか」など、地域貢献、社会貢献に関する書き込みはたくさんありました。

山陰合同銀行は行職員数が3千人強の銀行ですが、これは山陰地方では官公庁を除くと最大の規模です。つまり、合銀はリーディングバンクどころか、地域のリーディングカンパニーであり、「合銀ができなければ、どこもできない。われわれがやらなければ、誰もやらない」のです。地域の課題にしっかりと向き合うこと、それ自体が地域貢献であり、さらに地域を超えて世界や日本が直面している課題の解決につながるような具体的な取り組み、モデルを山陰・島根から発信することができればと思ったのです。

地域貢献の一つは環境問題への対応でした。ちょうど洞爺湖サミットで世界の首脳が環境問題について議論をしたタイミングでもあり、世界的な課題だとの思いもありました。

島根県、鳥取県の場合、県土の7割以上が森林なので、森林に関することをしようと思い、平成18年に「ごうぎん希望の森」活動を始めました。「ごうぎん希望の森」は、鳥取県の「とっとり共生の森」育成支援事業、島根県の「しまね企業参加の森づくり制度」に基づき、両県と関係市町村の協力によってお借りした森林の愛称です。

活動は山がどれだけ荒れているかを見て歩くことから始めました。私自身もずいぶ

役職員と家族がボランティアで活動

ん歩きました。すると奥山は大丈夫ですが、里山は間伐もしていないし、竹が繁茂して藪になっている、下草は刈っていないなど、それはひどい状況であることがわかりました。そこで銀行が山を借りて、森林に戻す作業をしていくことにしたのです。

ところが山には持ち主がいますから、借りるといってもなかなか大変です。そこで県にお願いして制度を作ってもらいました。「ごうぎん希望の森」には年2回、当行の役職員やその家族ボランティアが入り、森林作業や森林に親しむ活動・地域との交流を行います。「ごうぎん希望の森」は当初の4カ所から6カ所に増え、今もずっと続いています。年間３００万〜４００万円の経費がかかりますが、安いものです。

また、「森林（もり）を守ろう！　山陰ネットワーク会議」も立ち上げました。森林保全に取り組んでいるＮＰＯ団体やボランティア団体を中心にネットワーク化し、情報の共有を図るとともに、相互の活動を充実させていくことが狙いでした。

当行が事務局を担うこととし、旅費も負担して、各団体の代表に本店に集まってもらいました。ただ、なかには「そんなことをしている暇はないので、自分たちは自分たちだけでやります」という団体もありました。そこでとりあえず、山陰両県合わせて18の団体で会議はスタートしました。

会員に全国各地の森林保全に関するさまざまな取り組みを紹介したり、ボランティアの募集に役立ててもらうために、日本海新聞と山陰中央新報の地元紙の紙面を買い取り、13回にわたって記事広告を掲載しました。これには多少お金を使いましたが、副頭取ですから何とかなりました。もっとも、環境問題への取り組みで比較的大きなお金を使ったのはこのときだけです。

両紙には、紙面の半分は「森林保全の重要性と森が今どうなっているかの記事を掲載してほしい」とお願いしました。そして残り半分のスペースで、「森林を守ろう！　山陰ネットワーク会議」に入ってくれた18のボランティア団体の活動状況をＰＲしまし

森林保全活動で平井鳥取県知事（左）と

た。

すると、はじめは「勝手にやってください」と言っていた未加入の団体からも次々に「うちも入れてほしい」という連絡がありました。こうしてあっという間に山陰両県すべての団体（鳥取28団体、島根24団体）が参加する組織となり、現在に至っています。

コラム

大風呂敷を広げる

私は何かに取り組むとき、まずは大風呂敷を広げます。ただし、大風呂敷といっても単に夢を語るのではなく、「目指すべき方向、なぜそれに取り組むのかという目的」を示すことです。

同じようなことをiPS細胞の研究でノーベル生理学・医学賞を受賞した京都大学の山中伸弥先生がおっしゃっています。「研究者として成功する秘訣はVWだ。VWさえ実行すれば、必ず成功する」。VWとは「Vision（長期的目標）」と「Work hard（ハードワーク）」のことです。ただ勤勉なだけでは足りず、常に大きな目標を見据えて努力を続けることが大切なのに、「日本人はハードワークでは世界に負けないけれど、ビジョン作りは世界の最低クラスだ」と話されています。私もそう思います。ハードワークだけでは駄目なのです。

大風呂敷、つまりビジョンをどう作り、そのビジョンをただの念仏に終わらせないためにワークハードする。何れかが欠けても目標は達成できません。環境問題への取り組みはまさにVWの実行でした。

「日本の森を守る地方銀行有志の会」の発足

話は前後しますが、森林保護に対する思いは頭取になってからも変わりませんでした。むしろ私の思いと当行の取り組みを全国の地銀に広げていきたいと思うようになりました。どうすればいいいか。あれこれ考えた末、日本の森の原点は京都にある賀茂御祖神社（下鴨神社）の「糺の森」（ただすのもり）でもあるので、京都銀行さんに力を貸してもらうのがいいのではと思いつきました。

そこで、京都銀行頭取の柏原康夫さんと東京の目黒雅叙園でご一緒し、「うちが森を守る運動を始めたら存外うまくいって、軌道に乗ってきました。地方銀行64行がそれぞれ取り組めば、全国津々浦々、同じモデルが広がっていきます」と話をしました。柏原さんは「京都府が森を守る運動をやっているけれど、うちの銀行はちょっと……」と困った顔をされます。そこで私が「いや、これからやるんですよ。事務局はうちが責任持って全部やります。柏原さんは会長をやってください。段取りはすべて私がやりますから、『うん』と言ってくれれば、それだけで大丈夫です」とお願いすると、酔った勢いで「私でいいのなら、やってもいいですよ」と引き受けてくださいました。

会長が柏原さん、私が副会長兼事務局長、事務局は当行の東京事務所という大枠が

会長に就任いただいた京都銀行柏原頭取(左、当時)と

決まったところで、地銀協会長だった横浜銀行頭取の小川是さんに協力のお願いに伺いました。全国の地銀のブロックごとに発起人会をつくりたかったからです。幸い、小川さんは大蔵省時代に竹下登元総理の秘書官をされていたことがあり、以前から面識がありました。小川さんはすぐに「わかりました」と言ってくださいました。

そして、平成20年7月、北海道銀行、秋田銀行、横浜銀行、百五銀行、京都銀行、山陰合同銀行、四国銀行、肥後銀行の8行が発起人となり、「日本の森を守る地方銀行有志の会」が発足しました。すぐに全行に案内を出して呼びかけたところ、翌年の3月までに64

「日本の森を守る京都サミット」を開催

行全行が参加することになり、4月から本格的に活動を開始しました。

平成21年12月には地銀全行の頭取が京都議定書が締結された国立京都国際会館に集まり、「日本の森を守る京都サミット」を開催しました。脚本家・演出家である倉本聰さんに講演をしていただき、「森林保全活動を中心としたネットワーク化」「林業・木材産業再生等を中心とした地域の活性化」「環境にやさしい金融商品づくり」「次世代へ引き継ぐ緑化活動」について、引き続き研究、情報交換を行っていくことを確認しました。

サミットでは、せっかく64行の頭取が一堂に会するので、何かセレモニーをやろう

「さざれ石」の隣に植樹

と企画しました。しかし文化庁に「地銀64行の頭取が集まるから糺の森に64本の植樹をさせてくれ」と交渉すると、「とんでもない。世界遺産の場所にそんなことは絶対に許可できない」と言います。そこで、「東京以外の場所で全国の地銀の頭取が全員、集まるのは画期的なことだから、64本でなくて構わないので何かセレモニーをやらせてほしい」といろいろな方面から頼み、最終的には「さざれ石」の隣の、とてもよい場所にモミジの木を5本、植樹させてもらいました。そこには、今「地銀有志の会」の碑が立っています。

障がい者の自立を支援

副頭取時代に取り組みを始めた地域貢献の二つ目は格差問題への対応です。当時は、「ニート」や「非正規労働者」という言葉も生まれるなど、格差問題がにわかにクローズアップされてきていました。

格差というのは、働きたくても働く場所がない人たちが増えてくると発生します。働きたくても働けない人たちの典型が身障者です。もちろん、当行でも当時、法律で定められた障がい者の法定雇用率（当時は1・8％）はクリアしていましたし、身障者専用のエレベーターやATMを設置するなど、一通りの対応は行っていました。しかし、統合失調症の人や知的障がい者などの受け入れに関しては、まったくと言っていいほどできていませんでした。そしてそれは、当行だけではなく、都会・地方に関係なく、全国的な問題でした。

私はまず、当時、ちょうど施行されたばかりの障害者自立支援法をよく読んでみました。すると、国もいろいろな手立てを考えていることはわかりましたが予算も限られているので、社会に出る前のステップとして一定の教育はするけれど、あえて悪く言えば「そこから先は自立してくれ」ということでした。

そこで県内の障がい者施設をすべて見て回ってみました。そして、働きたくても働けない統合失調症患者と重度の知的障がい者が自立できるようにするにはどうすればいいのかを考えました。

彼らがどこで働いているのかを調べたところ、主にパン屋さんでした。月給は当時、私が調べたかぎりでは全国平均で1万5千円くらい。月給がです。島根県は1万2千円ちょっとでした。1等級の障害年金は7万円強ありましたが、合わせても10万円に届きません。これでは自立できません。

次に、統合失調症と重度の知的障がいがある子どもを持つ親御さんから直接、話を聞くことにしました。松江市の法吉公民館の館長に協力してもらい、病気や障がいのある子どもを持つ7、8人の親御さんを集めて「どういうことにお悩みですか?」「子どもさんを自立させるにあたって何がいちばん心配ですか?」と、2時間くらい話をうかがいました。

その際に一つ、おもしろいことがわかりました。不思議なことに、どこの家庭もお母さんが出てくるのです。法吉公民館に集まったのはすべてお母さんでした。お父さんはいるのに出てきません。それはなぜなのでしょう。あとからわかったのは、お母さんたちが「子どもに病気や障がいがあるのは自分のせいだ」と、すべてを抱え込んでいるのです。お父さんには「私が面倒を見るから、あなたは仕事をしていて」と言って、そういう場には自分だけが出てきます。

ところが、お父さんたちに聞いてみると、実は「自分も出たい」と思っているのです。そうしたすれ違いをきっかけに、夫婦仲までおかしくなってしまうこともあるようでした。そこで私はお母さんたちに「旦那さんにも出てきてもらってください」とうるさく言うようにしました。その結果、お父さんも出てくる家庭も現れました。障がい者支援では、こうしたことにも気を配らなければならないと思っています。

障がい者自身が働き稼ぐ仕組み

さて、ではお母さんたちが子どもの病気や障がいでいちばん困っていることは何か。それは、「自分が生きているうちはいいが、自分が先に逝ってしまうことを思うと、どうしていいかわからない」ということでした。これは深刻です。「あの世へ一緒に連れていくしかありません」と思いつめている親御さんもたくさんいました。私は法律や国の仕組みはここを理解していないと思いました。では、実際、どうすればいいのか。口ばかりではだめです。具体的に自分がやってみなければなりません。

「自立」のうち精神的自立は、勤めながら教育していくという方法で対処できます。問題は経済的自立です。親御さんに「毎月、どのくらいの収入があればいいのですか」と聞いたところ、ほとんどの人が「市営アパートを借りて1人で生活するのに最低15万円は必要です」と言います。つまり、7万円強の年金は一生支給されますから、月収を1万2千円から7万5千円くらいに増やす必要があるわけです。

すぐに思いつくのは慈善事業ですが、普及しにくく、長続きもしないので限界があります。やはり、統合失調症や知的障がいの人たち自身が働いてその対価として7万5千円を得ていく仕組みを考えなければなりません。そこで、私は彼らにどういう才能があるのか、どういうことができるのか、いろいろなところで聞いたり調べたりしました。これは本当に大変な仕事で、ルーティンワークのない副頭取でなければ無理だったと思います。

私が最終的に絞り込んだのは絵と音楽です。絵は何を描いているのかわからないこともあるのですが、彼らは本当に根気強く、一心不乱に描きます。音楽も、曲や歌になっていなくても、みんな楽しそうに歌ったり演奏したりしています。ほかの作業だと集中力が長続きせず、途中で遊んでしまいます。しかし、絵と音楽は違います。

まず、どちらかというと楽しそうだった音楽について、銀行の何かに使えないかと、ない知恵を絞りました。でも、彼らの「労働」に見合う対価を払う方法がどうしてもわかりませんでした。

それに対して、絵は比較的すぐに方法を思いつきました。彼らは本当に一生懸命、描いていますから、必ずもっとうまくなるはずです。それを商品化し、山陰合同銀行のノベルティグッズにすればよいのです。銀行ではタオルやティッシュといった実用品を、ノベルティとしてお客さまにお配りしています。これには膨大な経費をかけており、支店ごとに在庫も抱えています。そうしたノベルティグッズの絵柄に彼らの描く絵を使おうと考えました。こういう発想は、部長の立場だとなかなかできるものではありません。総合企画部が販促品を変えてコストカットをしろと言っても、営業統括部長が「そんなことはできない」と怒って話はまとまりません。しかし副頭取や頭取であれば、そうしたこともできます。

私の計算はこうでした。1人につき毎月7万5千円を払って20人の障がい者を雇えば、月150万円です。1年で1800万円。しかし正社員ですから社会保険の負担もあり、それを含めると、ざっと年間3千万円になります。つまり「この子たちが年に3千万円の売上を上げてくれれば20人の雇用ができる」ということです。そこで、営業統括部長に「とにかくPR品の費用を3千万円削れ」と言いました。現場は「困ります」と抵抗しましたが、「お客さまには私もこういうことをしているると説明して、何とか我慢していただくから、削れ。まず金を作れ」と指示しました。

平成19年には廃店にした支店を造り替え、障がい者たちが働く場所として「ごうぎんチャレンジドまつえ」という就労所にしました。知的障がい者は、たとえばトイレでも和式しか使えない人もいるといったことがあり、改装にはさまざまな工夫が要ります。金額的にはそう大きなものではありませんでしたが、これは完全に銀行の設備投資、つまりは持ち出しです。

「ごうぎんチャレンジドまつえ」を開設

障がい者の絵をノベルティグッズに活用

絵の先生も探しました。障がいを持つ子どもたちが立派な絵を描けるようになるまで毎日、教えてもらいました。この教育は今も続いています。

この先生は素晴らしい方で、とてもおもしろい教え方をします。たとえば画用紙に何かを描き始めるとき、知的障がいを持つ子どもたちは真ん中からは描きはじめません。理由はわかりませんが、子どもによってはいちばん、端のほうから描きます。私はつい、「はみ出すとわかっているのに……」といらいらしますが、その先生は、はみ出したら画用紙を足すのです。これは私では出てこない発想です。私なら「きみ、こっちから描けばいいじゃないか」と言うところですが、その先生はそんな教育はしません。とにかく自由に、好きなように、葉っぱや野菜などを写生させるのです。

たまに覗くと、子どもたちは一心不乱に作業していました。そしてみるみる上手になって、数年経つと誰が見てもすごいと思う絵を描くようになりました。その絵を使ったポストカードをつくり、銀行の販促品にしました。ほかにも、森の運動で出た間伐材にプリントして通帳ケースにする、あるいはエコバッグにプリントするといったこともしています。

最初は絵も決して上手ではなかったので、「まだまだ下手ですが、よければ使ってください」と手紙を添えました。それに対するお客さまの反応はよく覚えています。優しいのは女性でした。「タオルなんかいりません。私はこのカードが欲しい」と言ってくださるのは圧倒的に女性でした。男性はほとんど無反応。女性は社会的な問題への関心が高いなと再認識しました。

今では、障がいを持つ子どもたちの絵は立派なノベルティグッズになっています。どこに出しても通用するレベルです。今は彼らが年に3千万円以上、稼いでくれます。

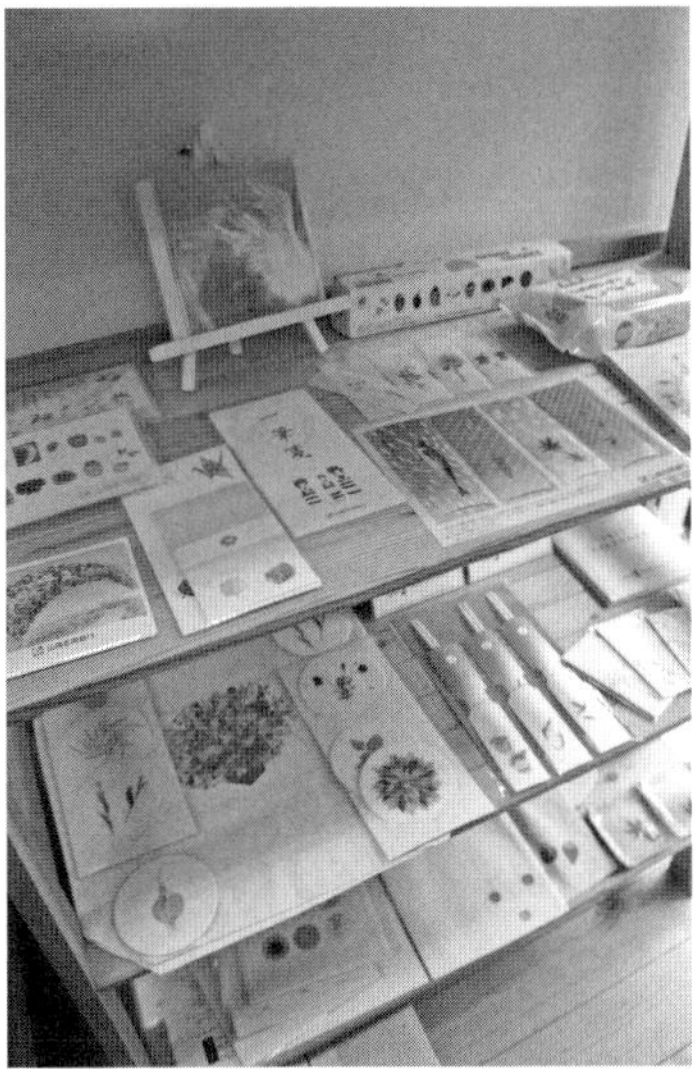

お客さまにも好評のノベルティの品々

私が宣伝するので鹿児島銀行さんが見学に来られ、このモデルを採り入れました。私の目的は、このモデルを全国に広めることですから、一般企業の社長さんにも「よかったら真似してくださいよ」「絵でなくともいいと思います。考えれば労働の価値は絶対に見つかるはずです」と機会があるたびにお願いをしています。私がやりたいのは、山陰合同銀行で雇用した20人を50人に増やすといったことではなく、あくまでも仲間が仲間を助けていくというこのモデルを日本中に普及させることです。それが、地域や全国の障がい者の自立支援につながると考えています。全部を国に任せるのではなく、地域が知恵を出してどんどん発信すればいいのです。

そのために、私自身も支援の次の展開を考えました。それは、彼らの描いた絵の使用権を企業に買ってもらうことです。障がいを持つ子どもたちが描いた絵はすでに5千アイテムにもなっています。そこで、障がい者支援の取り組みに興味のある企業の社長さんに、銀行の取引のあるなしにかかわらずお会いし、「年間60万円で使用権を買ってください」とお願いしています。

年間60万円ですから、月5万円。それだけあれば、障害年金と合わせて目標の月15万円の収入にあと一歩というところまではいけます。つまり、私が1社と契約できれば、1人が助かり、50社と契約できれば50人が助かるということです。県にも「この絵をすべて寄付しますから、私が交渉した企業と県とわれわれの3者で契約しましょう」と話を持ちかけました。契約した企業にはパスワードを渡し、自由に絵をダウンロードして使ってもらい、代金は社会福祉協議会に振り込んでもらいます。この事業は「ゆめいくワークサポート事業」と名付け、徐々に契約を増やしています。

契約第1号は住友生命さんでした。当時、生保協会の会長をしていた住友生命の佐藤義雄社長にご馳走してもらう機会があり、ちょうどいいと思い、ノベルティグッズを持っていきました。そして「お招きいただいた席で恐縮ですが、住友生命さんの生保レディの販促品にこの絵を使ってもらえませんか」とお願いしたところ、佐藤さんは二つ返事で「わかりました」とおっしゃってくださいました。「60万円ですが、いいですか」「けっこうです。そういう素晴らしいことをやっておられるのなら」。こうした経緯で、絵はしばらくの間、住友生命の生保レディが配るはがきに使われました。

第2号はイオンです。イオンリテールの村井正平社長がこちらに来られた際にお願いしました。村井社長も「それはいい取り組みですね」と快諾してくださり、今でもイオングループのギフトカードに絵を使ってくれています。

伊藤園の本庄大介社長にもお願いし、自動販売機のなかの絵柄として使ってもらっています。カゴメは寺田社長個人のはがきに、トマトの絵を利用してくれています。また、ALSOKの村井温会長にもお願いをし、使っていただいています。

こういうことはトップ外交でなければ話が進みません。担当者に任せると、社内の調整や稟議をするなど面倒なことになるので机の下にしまってしまうのは確実です。

それに対してトップは速いものです。「それはいい、すぐやりましょう」でおしまいです。

第7章

頭取時代

頭取・会長に定年制でガバナンスを強化

平成19年6月、私は頭取になりました。頭取時代に力を入れたことの一つはガバナンスの強化です。

人間は不思議なもので、役員になる前は「地位に恋々としない」などと言っていた人でも、トップに上り詰めると「俺が10年やれば万全だ」などと思いがちです。しかしそれは大間違いです。10年経てば価値観はがらりと変わります。自分が出る幕ではなくなっていると考えるべきです。そこを間違えるととんでもないことになります。

そのことは歴史も物語っています。歴史上の失敗は、たいてい流れを読み間違えたときに起きています。どんなに能力が高く立派な人でも、時代の流れには絶対に勝てません。しかも、「一区切り」の波は10年どころか、3〜4年の単位でやってきます。新しい波が来たら、「そのとき」に最適な人を選ぶ。そうすれば、また次の新しい風が吹くはずです。

権力の座に長くいると、もう一つよくないことが起こりがちです。人を育てないということです。それどころか、可能性のある有望な人を切ってしまったりもします。育てると自分の座が脅かされかねないということで、芽を摘んでしまうのです。企業の持続的成長という点でこれはとんでもないことです。しかし、残念ながら自分の地位を守るために優秀な後継者を排除していくというケースは少なくないように思います。どんなに立派な企業でも、それをやれば廃れていきます。優秀な人が切られ始めたら、企業体としては最悪です。

また、そもそも一生懸命に頭取を4年もやれば相当、疲れます。頭取は誰かから仕事を指示されるわけではありません。自分で常に「何とかしなければ。そのためには今、何をすべきか」と考え続けなければなりません。しかも一休みすることなく、連続的に施策を実行していかなければなりません。ですから「頭取業」は本来的には4年くらいしか持たないと思っています。

頭取・会長の定年制はガバナンスを効かすうえでとても有効です。

権力の座はすごく居心地のよいものです。みんな言うことを聞くし、給料は高いし、一度やったら辞められません。権力の座を経験した人はみな、口には出さなくとも絶対にそう思っています。しかもトップに「辞めろ」と言ってくる部下はいませんから、実はもう誰も望んでいないにもかかわらず、自分は今も人望があると誤解しています。だから辞めないのです。自分自身を律して、けじめをつけて辞めることは非常に難しく、大変なことです。人間ですから、相当の誘惑を前にするとなかなか手放すことができません。

そこで私は頭取・会長に定年制を導入しました。頭取の定年は65歳と決めました。65歳としたのは、山陰合同銀行には「専務までは65歳まで」という決まりがあり、それとバランスをとったからです。

会長の定年も決めました。私自身は64歳のときに頭取を退任しましたが、そのとき会長でいらっしゃった私の前任頭取の若佐さんは69歳でした。そこで若佐会長に「申し訳ありませんが70歳で定年とさせてください」とお願いしたところ、快く了承してくださり、「会長の定年は70歳」としました。

その後、私も頭取を退任し64歳で会長に就きましたが、会長の定年が70歳のままだと定年まで6年もあり「3～4年ごとに最適な人を選ぶ」という考え方に反します。そこで会長の定年は70歳からさらに早めて68歳にしました。もちろん自分自身は68歳で会長を退任しました。

定年制を敷いておけば、どれだけ唯我独尊の人物がトップになっても、4年我慢すればまた次のトップが登板します。企業は4年ではつぶれません。本当におかしくなるのは、方向を間違い始めて5～6年後くらいでしょうか。そして、おかしくなった流れを取り戻すのに10年はかかります。我慢も辛抱も4年が限界ということです。しかしトップが4年くらいで変われれば、そこまで追い込まれることはありません。すぐに修正は可能です。

定期的に、しかも短いサイクルでトップが代わる仕組みを考えること。そして常に新しい風を吹かせること。これが大切だと、私は口癖のように言ってきました。組織には常に新しい風が吹き続けなければいけません。そのなかから革新的風土が生まれるのです。

会長の定年も、頭取の定年もルールですから例外はありません。経営には「節度」が絶対に必要です。私は若いときからそう思ってきました。権力を握れば握るほど、強くなればなるほど、人というものはその地位にこだわりがちです。すると不思議なもので、それに反比例して企業体はだんだん衰えていきます。それは世の中の誰もがわかっていることなのですが、それでもトップはなかなかその地位を手放しません。権力の座というのはそのくらい心地よい、ということです。誰かに「もう頭取を辞めてください」と言われたら「おまえが先に辞めろよ」と言うだけで終わりです。

しかし、人間が普遍的に優秀であることはあり得ません。経営環境も価値観も変わっていきます。引き際を間違えると「老害」と言われ、レガシーどころか禍根を残すことになります。常に請われているかどうかを自問しなければなりません。

その点、経済人の中でいちばん立派な辞め方をされたのは経団連の会長もされた土光敏夫さんでしょう。土光さんは石川島播磨重工業（現ＩＨＩ）から東芝の再建に行き、再建を果たしたらスパッと辞めました。当時、土光さんがインタビューで「東芝を再建されるにあたって何をいちばん考えましたか」と聞かれて、「東芝の再建を任せられた瞬間から次に誰を社長にするかをずっと考えてきた」、そして「次の社長が決まったから辞めることにした」と答えていたのを今でも覚えています。

企業のトップには「辞めろ」と言ってくる人はいません。それも

頭取として森林保全活動について講演（中央は麻生総理、右は石破農水大臣、いずれも当時）

あってどうしても「もう1年、もう1年」と、辞めるタイミングを先延ばししがちです。ですから、退任についてのルールを決めるのがいちばんよいわけです。

ただ、実際はそれも非常に難しいことです。トップ自身が自分を律することになるからです。自分が犠牲にならなければなりません。ここが難しいところで、よほど強い意志がなければ、居心地のよい権力の座を自分から手放すことはできません。しかし私の場合は性格のせいでしょうか、さほど困難を感じることなくスパッと辞めることができました。

助けられた長井君の存在

頭取として、退職金や役員報酬の透明化、頭取・会長の定年制、取締役8人のうち3人を社外取締役にするなどといったことに取り組みましたが、実は私にとってガバナンス上、最も重要だったのは、頭取就任にあたり同期の長井勇喜夫君に専務として残ってもらったことでした。

私が不満に思っていたのは取締役会でほとんど意見が出ないということでした。私はどちらかといえばワンマンタイプですので「黙って聞いてくれ」みたいなところがあり、ストップをかけてくれる人がいないと、どこまでも突っ走ってしまいます。自分がいつも正しいなどという自惚れは持っていませんから、軌道修正をしてくれる人が誰もいない状況はまずいと思っていました。

長井君は私の1年あとに取締役になりました。私が副頭取になったとき、役人的な発想ならば彼には退任してもらうのが普通です。しかし私は長井君に「駄目だ、そう慌てるな。俺が頭取になると決まったわけではないし」と言って引き止めました。

頭取になると長井君は「これでもう辞めていいだろう」と言ってきました。私は「いや、だめだ。俺に物を言うのはおまえしかいない。おまえは俺を本気で怒る」と慰留しました。彼は同期ということもあり、余計な忖度をすることなく、面と向かって私に意見を言ったり、反対してくることが幾度もありました。「長井君に役員として残ってもらうしか俺をコントロールするすべはないな」と私は思ったのです。

そこで長井君とは「俺は4年しか頭取はやらない。おまえも屈辱的かもしれないが、これは運命だから4年間だけ専務で付き合ってくれ。4年経ったらおまえは無罪放免、俺は頭取を辞める。そんなにいつまでもやらないから」「わかった」という話をしていました。

実際、長井君は私が頭取になった後も、臆することなく自分の意見をはっきり言ってくれました。クレジットカードビジネスを本格展開し、30万人のカード会員獲得を目指そうとしたときも、「現場がどれだけ忙しい思いをしているか、わかっているのか」と意見をしてきました。それに対して私のほうは「それはよくわかるが、何とかお願いしたい」と頼むような感じでした。ほかにも私の頭取時代は取締役会でけっこう反対意見が出ました。トップが「こうしよう」と言っている案件について反対意見が出るのは珍しいことですが、私としては非常にいいことだと思っていました。長井君の存在のおかげでした。

いつも直言してくれた長井君（右）

ワンマンな人こそ、心のどこかで不安な気持ちを持っているものです。いつも正しいとは限らないことを自分自身で知っているからです。特に私は家内にもよく叱られますし、とんでもないことを平気でやってしまうようなところがあります。いったん立ち止まらせてくれる人、「いつもそんなこと言ってきて、まったく不愉快だ」というような「嫌なやつ」を演じてくれる人がそばに必要なのです。私の場合、長井君がその役割を引き受けてくれました。

正直に言えば、長井君がいると反対ばかりするので嫌でしたし、ストレスだったのですが、私も「あいつ、またあんなこと言っていたけど、本当かなあ」ともう一度、冷静に考えるきっかけになります。そして情報を再度集めて意見も聞いて、「長井君はああ言っていたけど、やはりやるべきだな」と思えたら、また取締役会で「長井専務の意見はよくわかるが、ここは俺の言うことを聞いてくれ」と説得してまとめます。同期の長井君に役員として残ってもらったことは、私自身にとっても、ガバナンスという点でも、とてもよかったと思っています。

ガバナンスは形式より実質

ガバナンスは形式だけ整えても意味がありません。いかにして実効性を確保するかが重要です。実際のところ、社外取締役の人数合わせをするよりも、長井君のような役割を果たす人がいるほうがはるかに有効です。

ガバナンスを強化するという観点で委員会設置会社に移行する企業も増えています

が、山陰合同銀行は監査役会設置会社で構わないと考えています。委員会設置会社という機関設計は、地方銀行には合いません。たとえば指名委員会で何もわかっていない社外取締役が頭取を指名するなど、考えられません。頭取の最も大事な仕事はサクセッションプランです。自分の次に誰を頭取にするかを決めるために、新入行員のときから、課長、支店長、部長とずっと見ています。支店長のときにものすごい能力を発揮しても、部長になったら全然だめだった、といった人もいます。「ステップアップするたびに能力を発揮するな」「土俵が大きくなるほど能力が高くなるな」といったことを観察して「自分の次」を見極めるのは頭取の仕事であり、社外取締役には無理だと思います。

また、社外監査役を社外取締役にするようなケースもよく見受けますが、私は反対です。当行の場合、監査役5人のうち3人は弁護士で、コンプライアンスのプロです。彼らは常に取締役会に出てきて積極的に発言するなど、監査役としてのチェック機能は十分に果たしてもらっています。議事録を見ていただければよくわかると思います。

一方で社外取締役の方に期待しているのは、そうした経営の監視ではなく、どこでリスクテイクすべきなのかについての意見です。経営陣も含めて銀行員は規制に縛られて業務をしてきたので新しいアイディアがなかなか出てきません。世界を相手に厳しい競争条件の中で戦い、生き残ってきた経営キャリアがある方に社外取締役になっていただき、『そんなの甘いよ』と言ってもらいたいのです。社外監査役を社外取締役にして、形だけ社外取締役が増えたようにするという選択肢は考えるべきではないと思います。

コラム

多胡秀人さんとの出会い

私が副頭取のとき、創業家から出ていた社外取締役が亡くなられました。私は頭取に「自分が責任を持って説得します」と言い、創業家の跡取りに「もう世襲は勘弁してください」と言いました。その人は県議会議員でした。私は「創業家であることはわかっていますが、申し訳ないけれども、今はそういう時代ではなくなっています。ぜひご理解ください」と説得し、了解を取りました。

私は以前から創業家が取締役を外れたら次は多胡秀人さんにお願いしようと決めていました。多胡さんのことは同じ島根県人としてよく存じ上げていました。

私は早速、多胡さんを「私がおごりますから飯でも食べましょうよ」と誘いました。

築地の寿司屋でお会いすると多胡さんは「どういう風の吹き回し？」と笑うので、私は「ほかでもない頼みがあって。こういう次第で、うちの取締役になっていただけませんか」と口説きました（多胡さんは酒を飲みませんが）。当時の山陰合同銀行はまだ非常に古い組織で、取締役が17人もいました。私は「それは申し訳ないけど、必ず変えますから、初の社外取締役として入ってください」と頼みました。

するとと多胡さんが「自分も安来出身だし、お手伝いしたいと思うけど、鹿児島銀行の監査役になっ

初の社外取締役になっていただいた多胡さん（右）

ているので、向こうが了解したらということでいいですか？」と言うので、「もちろんそれで構いません」とお願いしました。幸いにして私は鹿児島銀行の永田頭取と東京で何回も酒を飲んだことがある関係でしたので、私は「永田頭取とは親しくしていますす。私が頼めばうんと言ってくれると思いますから、多胡さんから問い合わせてください」と言いその日は多胡さんと別れました。

しばらくして多胡さんから連絡がありました。「了解は取れましたが、永田さんに『合銀さんで取締役になるなら、うちでも取締役になってほしい』と言われてしまったのだけど、どうでしょうか」。私は「もちろんオーケーですよ。両方取締役でいいじゃないですか」と答えました。そうした経緯で、多胡さんには当行の取締役になってもらいました。

多胡さんはよく勉強しておられます。少し病気をされましたが今は元気そのもので、相変わらずとてもアクティブです。話をしていても、いろいろなことが参考になり刺激的です。

第8章

会長時代～

中村元記念館の建築

平成23年に頭取を退き、会長になりました。常勤はしていましたが、非執行会長でしたので、銀行の経営にはいっさいタッチしないようにしました。

その一方で、地域貢献活動には力を注ぎました。地域から要請があれば、旅費などの実費は銀行の経費を使わせてもらいましたが、あとは手弁当でいろいろなことに取り組みました。

安来市に清水寺という名刹（めいさつ）があります。貫主の清水谷善圭さんは東方学院の門弟です。東方学院はインド哲学、仏教学、比較思想学の世界的権威で文化勲章も受章された松江市名誉市民の中村元先生が「1人の教えたい人と1人の学びたい者があれば学院は成立する」とおっしゃってつくられた財団法人で、今は学生が350人くらい、講師が50人くらいいて、学費は取らず講師も無料ボランティアでやっています。初代理事長は中村先生で、今は門弟の前田專學さんが跡を継いでいます。前田先生は中村先生同様、東大の名誉教授になった人で、師匠である中村先生を非常に慕っておられます。

中村先生には息子さんがいらっしゃらず、お嬢さまは三木家に嫁いだのですが、そ

松江市とニューオリンズ市との姉妹都市連携に団長として臨む

のお嬢さまの嫁ぎ先のお宅に中村先生の蔵書が3万冊あり、管理もできないし家が潰れそうで困っているという相談が前田先生のところにありました。そこで前田先生は、その件を自分の高弟である清水寺の清水谷さんに、「中村先生はインドに行く際には松江から和菓子を取り寄せてお土産に持っていくほど、松江に愛着をもたれていた。蔵書もできるだけ島根に保存できれば中村先生も喜ばれるだろう。何かいい方法はないだろうか」と相談したのです。

清水谷さんは、なぜか私のところにその話を持ってきました。私は恥ずかしながら、それまで中村元先生のことを存じ上げませんでした。そこでにわか勉強をし、中村先生が非常に高名な学者で、インドの人たちからも大変に尊敬されている方であると知りました。

松江といえば小泉八雲が有名ですが、実は小泉八雲の蔵書はすべて富山大学にあります。松江市は富山大学に「お金はいくらでも出しますから、松江市で引き受けさせてください」とお願いに行ったのですが、「いや、それはできません。貴重な文献ですから」と見事に断られたそうです。ですから今、小泉八雲のことを調べようとすると富山まで行かなければなりません。

私は清水谷さんから中村先生の蔵書を保存したいという相談を受けて、「一度手放すともう二度と戻ってこない」というその話を思い出しました。そして歴史を継いでいくことは大事なことだと考え、清水谷さんにこう言いました。「わかりました、私が何とかします。その代わり条件があります」。

私が清水谷さんにお願いした条件は「ただ蔵書を預かるというだけでは意味がない。相当なお金がかかるが、どうせやるなら記念館をつくって書斎も復元し、きちんと保存したい。そのためには記念館だけに留まらず、情報発信の場として『東方学院松江校』をつくっていただきたい。そして講師を派遣してもらい、夏休みには松江で大学の合宿を行ってもらいたい。提携大学はこちらで開拓します。これを了解していただけるなら考えましょう」というものでした。

しばらくして、清水谷さんから相談を受けた前田先生が松江に来られ、二つ返事で「やります」とおっしゃいました。そこで私は松江市長に話をしに行き、「少々お金はかかりますが、何とか検討してください。場所はこちらで探しますから」とお願いをしました。

場所は八束町にあった町役場の跡を利用させてもらうことにしました。ちょうど住民票台帳などをしまっておくための書庫があり、また、町議会などいろいろな部屋もあり好都合でした。建物の改築には6千万円くらいかかる見込みでしたが、私はそのお金を市当局に無心しました。

その結果、記念館が建設されることになり、書斎も復元し、かなりよいものができたと思います。前田先生も感激してくれました。現在は東大、法

政大のほか、佛教大学、花園大学といった仏教系の大学と提携し、学生たちを受け入れ授業を行っています。また、地元の人が学べる市民講座も開いて、情報発信も行っています。言い出しっぺの私は「中村元記念館審議会」の会長を仰せつかっています。

山陰インド協会の創立

中村元記念館がオープンしてすぐ、インド大使館から、ディーパ・ゴパラン・ワドワ大使の記念館訪問についての連絡がありました。大使は女性で、ご主人はインドの外務次官をされていました。中村元記念館を訪問された大使は大変に感激され、「この地はインド政府にとって日本のなかで最も近い地域になりました。このような素晴らしい施設によってインドとこの地のつながりができましたので、ぜひインドと経済交流を進めてもらいたい。インドは今、日本から導入したい技術がたくさんあります。インド政府は全面的にサポートします」と挨拶をされました。そこでわれわれとしても「大使がそこまでおっしゃってくださるのなら」ということで「山陰インド協会」を立ち上げました。

山陰インド協会の会長は、私が会長になると他の銀行の取引先が参加できなくなる

インド経済界とのミーティング

ので、親しくしている地元新聞社の会長にお願いしました。ただ、「梯子を外されると困るから名誉会長か何かになってほしい」と頼まれ、私は名誉会長になりました。

もっとも、実際の運営は相当程度、私がやっています。インドへの経済視察団は過去6回とも全部、私が団長で出かけました。2014年には、島根、鳥取の市長5人を伴って訪印し、ケララ州の首相と会って連携協定を結びました。インド政府は本当に応援してくれています。「インドが日本から導入したい」と大使が言っていた技術とは、環境と食品製造加工とITでした。ごみ処理や湖を浄化する技術を持つ企業を紹介し、ODAでの展開がうまくいったのもその一例です。

松江とインドはIT情報分野での交流も活発です。これは、世界水準のプログラミング言語として注目される「Ruby」を開発した、まつもとゆきひろ氏（松江市名誉市民）が松江市を拠点に活躍していることと関係します。

松江にはまつもと氏を訪ねて、世界中からIT分野の専門家が来ます。そこで、県や市は松江をIT企業の集積地にしようと補助金の制度などを整備し、誘致を図っています。しかし、IT分野では世界的にSEの数が絶対的に不足しており、IT企業が松江に進出するとしても、そ

インドケララ州との官民連携協定締結（後列右端が著者）

の問題が最大のボトルネックになっています。

そこで山陰インド協会では、松江市とインド南部・ケララ州との間でＩＴ分野の人材交流や企業誘致について検討する「松江市インドＩＴ人材受入・企業誘致調査事業実行委員会」を組織し、一般財団法人海外産業人材育成協会の協力を得て、ケララ州から優秀な人材を地元企業でのインターンシップ研修に参加させるという枠組みをつくりました。平成29年1月に初めて招いた11人の中からは、その後、地元ＩＴ企業に就職した人もいます。

この仕組みをつかって、毎年10～20人のインドの優秀なＳＥなどを松江に招こうと思っています。5年で50～１００人になります。もし松江にＩＴ関連の企業が進出しようとした場合、彼らインド人ＳＥの存在は非常に大きなアピールポイントになるはずです。しかもこの地域はインドと太いパイプがあるのでなおさらです。

世界的なＩＴ企業であるマイクロソフトの本社はシアトル近郊にあります。シアトルはアメリカのなかでは中規模の都市なのに時価総額で世界トップクラスの金持ち企業が本社をでんと構えているわけです。松江市にそういう企業があっても不思議ではありません。問題はＳＥの供給をどうするかということ。それに今、私たちは必死で取り組んでいます。それをやらないと地域は生き残れないという危機感もあります。

人がやっていないことですから、やりがいもあります。

コラム

インドが大好き

インドは大好きになる人と、「もう二度と行かない」と言う人とにはっきり分かれます。私はインドが大好きです。たしかに、インドではトイレで用を済ませた後は手で拭きますから、その手を洗うためのバケツとひしゃくが市役所のトイレにも置いてあったりしてそういうことが受け入れられない人は、「二度とゴメンだ」となるのでしょう。けれども私は「それもまたよし」とあまり苦になりません。ホテルまで我慢すればいいことですから。

どなたかが「インドには、貧はあっても困がない」と言っていました。まさにそのとおりで、ものすごく貧しいのに全然困っていないのです。堂々とホームレスをやっていますし、貧しい子どもたちもみんな明るい。なぜだろうと思い現地の人に聞いたところ、「自分の運命は先代で決まっている」と言うのです。「先代の行状によって、自分は今こういう身にある。次に生まれる代はまた違うかもしれないが、私はこの身を受け入れて、粛々とやるしかない」ということが擦り込まれていると。だから、「あいつは金持ちでうらやましい」などとはまったく思わず、自分は自分であり、貧しくとも、家がなくとも、いつも明るいわけです。

富裕層の人たちの隣にホームレスがごろごろいます。1週間に1回くらい、富裕層の人たちがテントを張って炊き出しをします。すると、みんなが自然に集まってきて施しを受けます。また、金持ちがタクシーから降りると、貧しい子どもたちが「金をくれ」と群がります。す

インド大使公邸で八木大使（前列右から3人目、その左が著者）と

客さまに提供することです。「どこかの真似は絶対にするな。創意工夫をして自分たちでオリジナルなものをつくっていかなければだめだ。そうでなければ、ハンディキャップコスト、コミットメントコストはカバーできないぞ」と言い続けました。それがリーディングバンクの使命です。

さらにいえば、山陰合同銀行はリーディングバンクであると同時に地域のリーディングカンパニーであり、日本全体の課題の解決に向けた取り組みをまずこの地域で実践し、地域の皆さんに自信を持ってもらわなければなりません。そして私はリーディングカンパニーに所属する一人として、自分が暮らし働く地域に対して何か役立つことをしなければと強く思います。

その意味で私の地域貢献活動は、「地域金融機関だからこうしなければ」を行動基準にしているのではなく、あくまでも「私」という個人の活動です。私が銀行ではなく県庁に就職していたとしても、同じことをしたでしょう。銀行というバックグラウンドは関係ありません。ですから、「いづも財団」の理事長として、出雲の大社（おおやしろ）の歴史を広く全国に伝えていくといった銀行の業務には全く関係のない、草の根運動的な仕事にも首を突っ込んでいます。

地方創生で市長から頼まれて座長をやり、自分で戦略を書いて市長を説得して……

市民大学での講演

といったことも、私は銀行員としてやっているわけではありません。松江で暮らす一人の市民として「ここに住んでいて、ここが本当に好きだから何とかしたい」「この地域のポテンシャルをもっと生かしたい」「もっとみんなに自信を持ってもらいたい」という思いで取り組んでいます。

もっとも、地域貢献活動の音頭を私がいつまでもとり続けようとは考えていません。すでにお話ししたようにどんな役職についても、ある程度の期限を決め全力投球し、後は時代の移り変わりに任せるというのが私の流儀です。地域貢献活動に一区切りをつけたら、その後は家内と一緒に穏やかに生きていこうと思います。

コラム

宍道湖の夕陽と二人の自分

日が沈みかけオレンジ色に染まる宍道湖は私がいちばん好きな松江の景色です。どことなくもの悲しさがありますが、それだけではなく、「未来」「希望」が感じられます。昔、どこかで見て感じたことがあるような懐かしさ、心の琴線に触れる優しさ。抽象的ですが、私はいつもそれを感じます。あるいは、まだしゃべることもできない子どもの時分に感じたのと同じ懐かしさなのかもしれません。何とも言いようがありませんが、そうだとするともう失われた懐かしさなのかもしれず、それがもの悲しさにつながっていくのかもしれません。

芸術家に言わせると、人間の感性はだんだん退化していくそうです。赤ちゃんのときは役に立つかどうかといった価値判断をせず、おもしろいものはおもしろい、きれいなものはきれいと感性だけで見たり聞いたりしています。ところが成長するにつれ、さまざまな価値判断が入り込みます。下手をすると、美しさは二の次になってしまうかもしれません。

知恵がついてくると、むしろ感性は邪魔になるのかもしれません。だからだんだんなくなっていき、生きていくために必要な価値観だけが残ります。それは成長なのかもしれませんし、後退なのかもしれません。善し悪しも私には判断できません。しかし現実に長ずるにつれて何かを失っていくことは間違いないと思います。子どもの頃に確かにあった感性が、大人になりふと気づくと、なくなっている。誰でも経験があるのではないでしょうか。

宍道湖の暮れなずむ時間帯は、大人になってなくしてしまったものを思い出させてくれます。だから懐かしく、同時にもの悲しいのです。それは今言っても詮ないことですし「自分は生きることに上手になりすぎて何かを失い別の人

暮れなずむ宍道湖

間になってしまったな」という思いが頭のなかをよぎります。別の人間になってよかったのかどうかわかりません。でも、それが現実であり、受け入れなければならないと思います。間違っていたわけではないのですから。

一方で、不思議なことに宍道湖の夕日を見て、「明日の島根のために頑張るぞ」などとは思ったことがありません。なぜかと言えば、それは現実の世界の話だからです。

もちろん私は実社会、現実の世界では、誰よりも地元のことを愛していると自負しており、「この地域を何とかしなければ」と思っています。そして山陰のポテンシャルは非常に高いと考えています。

つまり、私の心のなかでは、宍道湖の夕陽を見て感傷的になるようなもろい部分と、「地域のためにやらなければならない」という強い部分とが、矛盾するようなかたちで常に交錯しています。この二つはまったくの別物で、どちらも私なのです。

コラム
雨が似合う町

私が松江を好きなのは、その景観や風情に歴史と文化の裏打ちがあるからです。家内とたまに宍道湖の湖畔などを散歩しますが、松江の神社や寺は、あまり有名ではないところでもそれなりの風情を楽しむことができます。この地域には「出雲国風土記」や「延喜式」といった奈良時代、平安時代の書物に載っている膨大な数の神社が存在します。

神社は寺のように檀家がなく、お墓を持っていないので、収入源がほとんどありません。町内の人たちがいくらか出し合って維持しているケースがほとんどです。しかしアパートやマンションが多くなると地域のコミュニティーが失われていきますから、神社は全国的に存立が難しくなっており、多くの神社が荒れてきています。しかし、松江だけはどんな神社でもきれいに清掃されています。おそらく、歴史と文化に対する価値観が長い時間をかけて培われ、それが地域に欠かせない存在としての神社を護るという行動につながっているのだと思います。

作家の黒井千次さんが松江にお見えになったことがあります。黒井さんが来られたときは2日間、ずっと雨でした。すると黒井さんは「私もいろいろな場所を訪ねましたが松江ほど雨が似合う町はありませんね」と話されました。しとしと降る雨がすっと町の中に溶け込んでいき、何ともいえない風情を生んでいるということです。黒井さんは「（舟で）宍道湖から見ると雲が垂れ込めてビルにまでかかっている。銀行の建物ですら美しく見える」ともおっしゃいました。

言われてみれば確かに松江は雨が似合うのです。最近は少し気候が変わってしまいましたが、私が子どもの頃の松江は北陸地方と同じで、季節の変わり目は空がいつも鉛色をしていて青空はありませんでした。「松江に行くなら傘だけは忘れるな」と言われるほどでした。子どもの頃はそれが嫌で仕方がありませんでしたが、黒井さんから「雨が似合う」とお聞きし、「むしろそれが松江のよさなのか」と再発見しました。

そして今では、雨でさえ似合うというポテンシャルがある土地なのに、なぜもっとよさを発信できないのだろうかと歯がゆく思っています。

残念ながら松江は知名度があまり高くありません。そこで私はいろいろな人を招いています。たとえば野村証券の歴代の社長、会長を皆さんお招きしています。記憶に残るのは、野村が破たんしたリーマン・ブラザーズの欧州・アジア部門を買収して経営が大変な状況に陥ったとき、当時社長だった渡部賢一さんに電話をし、「金曜日、休みを取ってこちらにいらしてみませんか」とお誘いしました。

雨の松江城　kouyunosa/PIXTA（ピクスタ）

玉造温泉で一緒に風呂に入り、酒を飲み、「明日の朝、少し早起きをしてうちの銀行に来てください」と言いました。そして宍道湖のシジミ漁を見せて、「あなたが悩んでいるのは小さいことでしょう。この自然を見て命を洗ってください」と話すと、渡部さんは「おかげさまで立ち上がれそうです」ととても喜んでくださいました。

松江のよさをアピールしていくことは生涯を通じて私の大事な仕事だと思っています。

古瀬誠（ふるせ　まこと）
1946年生まれ。1969年3月慶応義塾大学経済学部卒業、1969年4月株式会社山陰合同銀行入行、2000年6月取締役総合企画部長、2001年6月常務取締役総合企画部長、2002年6月専務取締役総合企画部長、2002年11月専務取締役、2003年6月代表取締役専務、2005年6月代表取締役副頭取、2007年6月代表取締役頭取、2011年6月代表取締役会長、2015年6月特別顧問、2020年6月特別顧問退任。2010年6月中国経済連合会副会長、2010年5月島根県経営者協会会長、2010年11月松江商工会議所会頭、2010年11月島根県商工会議所連合会会頭、2019年11月松江商工会議所名誉会頭、2020年6月中国電力株式会社社外取締役。

リージョナルバンカー
地域への愛情が創意工夫を生む

2020年10月8日　第1刷発行

著　者　古瀬　誠
発行者　加藤一浩
印刷書　図書印刷株式会社

デザイン　松田行正＋杉本聖士

〒160-8520 東京都新宿区南元町19
発行・販売 株式会社きんざい
編集部 tel03（3355）1770　fax03（3357）7416
販売受付 tel03（3358）2891　fax03（3358）0037
URL https://www.kinzai.jp/

ISBN978-4-322-12845-1